Fim da Humanidade

Fim da civilização

Introdução

Tem-se procurado debater as ameaças à nossa civilização e ao fim do estilo devida dos humanos na terra.

Muitas ameaças são reais porém improváveis. Outras ameaças são potenciais, e prováveis.

Tem um conjunto de ameaças abstratas, potenciais e são tratadas como possibilidades remotas.

Tem aquelas ameaças que já nos acostumamos e que tem data certa e probabilidade concreta, mas são de muito longo prazo, ou de efeito de longo prazo.

Qual delas deveria nos preocupar primeiro?

Eu creio que as ameaças aleatórias de baixa intensidade e alta probabilidade deveriam nos preocupar, pois estas estão submetidas à teoria do caos.

Segundo esta teoria do caos, basta um pequeno movimento e as ações pequenas podem se encadear de maneira a que as variadas causas concatenadas aumentem instantaneamente a avalanche de eventos catastróficos, como um voo de avião que colapsa porque neste dia o copiloto estava em experiência, as condições atmosféricas pioraram de repente, aquela rota raramente é utilizada porque fica em uma área de sombra de radar onde nenhuma estação terrestre pode monitorar 100% de todo o voo, nesse voo o check list foi feito corretamente exceto que o apoio de terra informou a quantidade de combustível em 100 quilolitros, mas na planilha de voo pedia que o registrado fosse como 100 kilogalões, então, ao invés de 370 mil litros convertidos de quilogalões havia apenas 100 mil litros sem a conversão de litros para galão.

Então a tempestade perfeita esperava apenas mais uma ação catastrófica, e esta aconteceu durante o descanso do comandante, o copiloto não foi prudente com relação aos avisos para desligar o piloto automático, e passar ao voo controlado, acontece que o computador de bordo estava recebendo indicações erradas da sonda de velocidade porque a sonda estava congelada e o descongelador não funcionou.

Com todos dos eventos encadeados e concatenados para o desastre só faltava a hora e a ocasião adequada.

O avião começou a perder altitude, e aumentava a velocidade perigosamente por causa da queda brusca, o copiloto julgou que poderia controlar aquela crise inicial que parecia dentro dos manuais elementares de estabelecimento do centro de crise.

Quando decidiu acordar o comandante este ficou atordoado e foi verificar a rota alternativa para fora do furacão e descobriu que não tinha combustível suficiente para um grande desvio de rota.

Agora era esperar a queda suave ou brusca da aeronave no mar sem sequer poder se comunicar com qualquer centro de controle por causa da zona de sombra de rádio e radar.

Não recebia informações meteorológicas por causa da falta de atualização de informações durante o voo.

A questão é se saber quando estamos no modelo de convergência de situações propícias ao desencadeamento de uma catástrofe perfeita, ou seja, a combinação ao acaso de todas as condições de desastre que pareciam impossíveis de se combinarem num mesmo evento no mesmo instante?

Sumário

A Crise

Caminhamos para muitas crises anunciadas, e por consequências que se não concretizaram, como, por exemplo as datas anunciadas de 2012 para a elevação em 100 metros para o nível do mar em todas as cidades litorâneas, felizmente o aquecimento global não se mostrou da maneira que o quadro de previsões anunciava.

Isto desarma os espíritos de previdência que vem sendo alardeado pelas gerações que foram criadas no ambiente de pânico de crise do fim do mundo, fraude, farsa, falsa, falta, tudo que foi anunciado aconteceu ao contrário.

Um asteroide sempre pode estar na mira da terra e a qualquer momento poderemos avistar um cometa não monitorado a precipitar-se na direção da terra, esse é o tipo de evento muito provável mas de baixa probabilidade imediata, acaba entrando no folclore de previsões inverossímeis e sem credibilidade, porque as distâncias astronômicas são de tal ordem que um desvio insignificante de um aerólito pode significar um impacto ou uma passagem muito discreta, mas para a astronomia isso não é nada desprezível.

Ficamos presos a outras ameaças mais palpáveis, como um gatilho que dispare um conflito nuclear por um motivo qualquer por causa do ambiente de desconfiança e de desafio permanente entre as potências nucleares por procuração em áreas distantes de seu território com potencial para medir a disposição do outro em apertar o botão do apocalipse nuclear.

Muitas civilizações poderosas desapareceram como por um evento formado de um conjunto de eventos que rapidamente escalaram para uma corrente de contingências que chegaram ao ponto de não retorno, onde qualquer coisa que se fizesse nada poderia deter a marcha para o colapso.

Assim foi com o Império Romano, que estava em um nível tal de decadência que o imperador Diocleciano tentou até convocar seus piores instintos ao apelar justamente para os escravos do império romano, para emprestar a sua religião, como última instância para salvar da decadência a sociedade romana, mesmo tentando anteriormente aniquilar e exterminar os cristãos, agora o cristianismo era a única e última solução final de salvação de seu império.

O império egípcio andou de lado ao outro até ser superado pelas crises de modernização, diante da agilidade dos imperadores romanos, da nova filosofia grega, o império egípcio depois de 3000 anos ficou ultrapassado, e não pode resistir as ideias novas de república ao invés de impérios hereditários, cortes enormes, leis complicadas e tradições demais, mais de 3000 sacerdotes para administrar, e um tamanho gigantesco que não poderia suportar a lentidão das instâncias administrativas e instituições do Estado subordinadas ao pesado e oneroso séquito de príncipes de princesas, toda a corte cara e inútil, o que significou ineficiência, ponto para os romanos com seu sistema cameral, suas leis, seus tribunos, senadores, cônsules, toda estrutura baseada apenas na meritocracia e não em lealdade, confiança, palavra dada, era a ciência e conhecimento substituindo a tradição no governo e no Estado.

Mas o império romano foi vencido pela corrupção de seus membros porque o povo era corrompido e todos eram hedonistas e apenas sobreviviam das rendas dos seus súditos submetidos pelas conquistas de territórios e pesados deveres com a sustentação do império pesado e gigantesco.

O resultado: queda do império romano, pela primeira vez na história da humanidade, não houve uma derrota, foi a decadência e a dissolução de um império sem deixar vestígios, sem rendição e sem continuidade.

Nesse caos e vácuo vieram os visigodos, e juntamente com a mente cristã que tanto Diocleciano sonhava como modelo de comportamento social, justamente as mentes rígidas dos cristãos operaram a maior lavagem cerebral coletiva da história da humanidade, conseguiram apagar toda a História pregressa da humanidade e numa reengenharia social, política, religiosa, científica, artística, revolveram tudo o que existia na humanidade e implantaram a obscuridade chamada Idade das Trevas, Idade Média, recolhendo pessoas em guetos isolados em seus pequenos universos fechados, os feudos foram a concepção mais ancestral dos campos de concentração que os nazistas e stalinistas e maoístas iriam reprisar na história da humanidade 1600 anos depois.

Novo risco, velho padrão

A nova idade Média se aproxima, os obscurantistas procuram a todo custo destruir e apagar a nossa civilização, obstruindo a verdade e a razão apelando para confusão de ódios que não existem de fato, são crises virtuais de efeito imprevisíveis, então os pequenos deslizes e altercações vão aos poucos se juntando numa cadeia de eventos tão inverossímeis que não são considerados desastrosos até que se combinem numa avalanche de eventos desastrosos e inevitáveis, e inexoráveis, então nada pode deter os eventos que adquirem vida própria, e não podem retroceder.

Ninguém sabia que estavam no limiar da Idade Média, ninguém poderia prever que a Idade Média duraria 998 anos, as pessoas que viviam na Idade Média nunca imaginaram que existira outro mundo diferente daquele mundo, nem poderiam supor que poderia mudar nada daquilo.

Encapsuladas no tempo, viviam uma esfera, uma bolha, na matrix da Idade Média de onde ninguém poderia escapar.

Estamos sendo lentamente conduzidos para uma matriz do pensamento único da Nova Idade Média que pode destruir novamente tudo que conhecemos hoje como civilização.

Seria relativamente fácil destruir nossa civilização digital dada nossa total dependência do mundo digital e por isso todas as informações estão perigosamente controladas e centralizadas em dispositivos virtuais digitais.

De repente ficamos à mercê de um dispositivo que somente pode ser lido por dispositivos eletrônicos codificados em formatos cada vez mais criptografados em sistemas de arquitetura de informações e formatação cada vez mais particular e diversificada.

A Ameaça

Mundo bizarro, onde o livro mais vendido no mundo é um dos menos lidos e dos mais citados, estou falando dele mesmo, na verdade uma coleção de livros sem qualquer possibilidade de harmonização entre as partes, a bíblia sagrada, que possui três composições diferentes, a versão protestante da bíblia com 66 livros exclui da versão original alguns livros por obra da censura de Martinho Lutero que excluiu por sua vontade 13 livros da bíblia organizada pelo imperador Constantino, em 321, e a igreja luterana da qual Lutero não fez parte, porque Lutero morreu sem religião, retornou seis livros, mantendo a censura sobre 7 livros, portanto a Igreja católica possui a versão com 73 livros, sete livros a mais do que a protestante, mas, a versão original da bíblia de Constantino somente a igreja católica ortodoxa possui com 78 livros, 5 livros a mais do que a versão católica.

Pois bem, a mesma bíblia possui três religiões, sendo o judaísmo a religião da parte do velho testamento, sendo a primeira parte um sincretismo de religiões anteriores a Abraão e Moisés, portanto nem eram cristãos, nem judaicos, pois Adão e Eva nem eram judeus, nem possuíam religião alguma, depois foi criado o judaísmo com o neto de Abraão seu neto Jacó fundador do povo judeu, e israelita, com isso funda-se o judaísmo e o semitismo.

Muitos séculos depois surge no ano 90 DC o primeiro livro do novo testamento contando a saga de Jesus de Nazaré, então vemos no livro de Atos a saga e a disputa pelo espólio religioso e intelectual de Jesus entre o apóstolo João e os dissidentes Pedro e Paulo, onde João segue a igreja primitiva dissidente do judaísmo (fariseus, saduceus, essênios), aquela igreja dos humildes que aguardam entre duas e três gerações a volta de Cristo, então vendem seus bens e se reúnem em casas, porém este tipo de coisa não tem aceitação pelo império romano, muitos são perseguidos e mortos, logo surge uma seita criada por Paulo e Lucas, apelidada de Caminho, que se dirige aos gregos e gentios, que faz evangelização e é missionária em todo o mundo, diferentemente do que Jesus pregava e fazia, já que Jesus nunca saiu da Galileia pregando, então resolveu-se universalizar esse novo formato de judaísmo que passou a se chamar de cristianismo, então esta nova religião foi adotada pelo império romano chamada de Cristianismo, sem que Cristo nunca houvesse conhecido esta seita em vida.

Então a coleção de livros chamada de Bíblia é pura confusão sobre Jesus, 44 autores conhecidos e outros anônimos, sim, alguns dos livros da bíblia não se conhece a autoria.

Outras bizarrices literárias são: as sagas de Senhor dos Anéis, 50 tons de Cinza, Magias descaradamente abstratas de um jovenzinho psicopata chamado de Harry Potter, os quais nunca li, não fazem parte do meu cardápio assim como gibis de super-heróis, pois a minha capacidade cognitiva só permite ficção de nível de Júlio Verne, qualquer aberração maior que isso meu cérebro matemático simplesmente os rejeita.

Mundo bizarro onde depois de 5000 anos de cultura depois de mais de 1.000.000 anos de processo de seleção natural descobrimos uma falha na natureza humana e fizemos um projeto para diminuir esta falha, acontece que a natureza cometeu o equívoco de privilegiar na espécie homo sapiens e criar equivocadamente um dimorfismo físico que exagerou nas diferenças sexuais entre homem e mulher dando um trilhão a mais 1.000.000.000.000 de neurônios ao macho apenas porque ele tem um pênis para administrar, e duas vezes mais massa muscular por causa desse pênis, e 2,8 vezes mais explosão muscular por causa deste pênis, duas vezes maior densidade óssea, então isso não foi justo, o resultado foi que durante os últimos 3500 anos somente o macho se divertiu pois fez da terra um palco de mais de 3000 guerras, sem convidar as fêmeas, descobriu os continentes americanos, e Australiano, e nada de deixar a mulher pilotar uma simples nau ou uma caravela, nem sequer levava mulheres a bordo para fazer companhia das viagens que duravam meses, somente as escravas eram embarcadas, então o macho criou a Filosofia, a Matemática, a Física, a Química, a enceradeira, o ar condicionado, o câmbio automático para o automóvel que ele inventou, com motor elétrico que o macho inventou, com limpador de para brisa inventado pelo macho, com embreagem e freios inventados pelos machos, a lista de prêmio Nobel praticamente só tem machos, o que deixa a mulher numa situação vergonhosa, escandalosamente inútil para a história da humanidade, e, para se livrar dessa humilhação e desse massacre, salva-se a mulher com a narrativa pós verdade de que o homem por ser violento e cruel não deixou espaço para a mulher aparecer e mostrar sua capacidade intelectual.

Lista dos campeões mundiais de Xadrez

(nenhuma mulher ousou derrotar um campeão masculino)

Período   Campeão   Conquistou o título contra Defesas
do título contra

        País   Nome

1886–1893 ▩   Wilhelm Steinitz   Johannes Zukertort
(1886)(Mikhail Chigori (1889); Isidor Gunsberg
(1891); (Mikhail Chigorin (1892);

1894–1920 ▬   Emanuel Lasker   Wilhelm Steinitz
(1894)Wilhelm Steinitz (1897); Frank Marshall
(1897); Siegbert Tarrasch (1908); Carl Schlechter
(1910); Dawid Janowski (1910)

1921–1926 ▬   José Raúl Capablanca   Emanuel
Lasker (1921)

1927–1934 ▮▮   Alexander Alekhine José Raúl
Capablanca (1927) Efim Bogoljubov (1929); Efim Bogoljubov
(1934);

1935–1936 ▬   Max Euwe   Alexander Alekhine (1935)

1937–1946 ▬   Alexander Alekhine Max Euwe (1937)

1948–1956 ▬   Mikhail Botvinnik   Torneio Mundial de
1948 David Bronstein (1951); Vasily Smyslov (1954)

1957–1958 ▬   Vasily Smyslov   Mikhail Botvinnik
(1957)

1958–1959 ▬   Mikhail Botvinnik   Vasily Smyslov
(1958)

1960–1961 ▬   Mikhail Tal   Mikhail Botvinnik (1960)

1961–1962 ▬   Mikhail Botvinnik   Mikhail Tal (1961)

1963–1968 ▬   Tigran Petrosian   Mikhail Botvinnik
(1963)

1969–1971 ▨ Boris Spassky — Tigran Petrosian (1966)

1972–1974 ▤ Bobby Fischer — Boris Spassky (1972)

1975–1984 ▨ Anatoly Karpov — Bobby Fischer (desistência) Viktor Korchnoi (1978); Viktor Korchnoi (1981); Garry Kasparov (1984)

1985–1992 ▨ Garry Kasparov — Anatoly Karpov (1985)Anatoly Karpov (1986); Anatoly Karpov (1987); Anatoly Karpov (1990)

Campeões Mundiais FIDE (1993–2006)

Período Campeão Conquistou o título contra Defesas do título contra

Pais Nome

1993–1998 ▨ Anatoly Karpov — Jan Timman (1993) Gata Kamsky (1996); Anand (1998)

1999–2000 ▨ Alexander Khalifman — Vladimir Akopian (1999)

2000–2001 ▤ Viswanathan Anand — Alexei Shirov (2000)

2002–2003 ▨ Ruslan Ponomariov Vassily Ivanchuk (2002)

2004–2005 ▨ Rustam Kasimdzhanov — Michael Adams (2004)

2005–2006 ▨ Veselin Topalov — Torneio Mundial de 2005

Campeões Mundiais PCA (1993–2006)

Período	Campeão		Conquistou o título contra	Defesas do título contra
	País	Nome		
1993–2000	🏴	Garry Kasparov	Nigel Short (1993)	Anand (1995)
2000–2006	🏴	Vladimir Kramnik	Garry Kasparov (2000)	Peter Leko (2004)

Campeões Mundiais (2006–atualidade)

Período	Campeão		Conquistou o título contra	Defesas do título contra
	País	Nome		
2006–2007	🏴	Vladimir Kramnik	Veselin Topalov (2006)	
2007–2013	🏴	Viswanathan Anand	Torneio Mundial de 2007	Vladimir Kramnik (2008); Topalov (2010). Boris Gelfand (2012)
2013–	🇳🇴	Magnus Carlsen	Viswanathan Anand (2013)	Viswanathan Anand (2014); Sergey Karjakin (2016); Fabiano Caruana (2018); Ian Nepomniachtchi (2021);

Então, mais uma bizarrice moderna, transformar todos os não comunistas em idiotas manipulados e treinados e dominados mentalmente pela opressão do capitalismo injusto, outras bizarrices como os pastores pentecostais criando diabos e infernos para amedrontarem as pessoas da igreja, são tantos os fantasmas modernos que somente as bizarrices maiores do que estas podem competir com os medos e terrores inventados para o apocalipse iminente da civilização, o Green Peace não tem um cientista disponível para fazer uma palestra racional e debater sobre o aquecimento global ou sobre a importância da tartaruga para o perfeito equilíbrio ecológico, mesmo depois da três faxinas que a natureza já organizou destruindo tudo por aqui na terra por simples capricho da natureza sem intenção alguma de melhorar a vida no planeta, a primeira foi a extinção dos dinossauros, criaturas adoráveis que não faziam mal algum e depois vieram as três glaciações que destruíram toda vegetação e os peixes e animais, a natureza realmente não tem ética alguma, esse pessoal do Green Peace deveria culpar, primeiro, a própria natureza pelas maiores destruições do equilíbrio ecológico.

De bizarrice em bizarrice vamos nos divertindo e esperando o próximo meteorito fatal nos devolver à idade da pedra, sem culpa nenhuma, talvez possamos culpar ao planeta Júpiter por brincar de catapultar a morte dos céus só pra ver o oco.

A humanidade sempre fez troça da racionalidade feminina, mas, quase deu um nó na minha cabeça. Por pouco eu não fiquei aloprado como o Fiuk, se sentindo culpado por ser macho.

Assim o argumento do confuso e dissimulado cérebro feminino, que consegue fazer uma heurística complexa, porque indireta, uma outra abordagem da realidade paralela, incompreensível para a lógica masculina o que a torna irracional para o tóxico masculino.

Nem tanto.

Decifrando o mundo feminino, onde a dissimulação esconde o verdadeiro sentimento não nos deve confundir.

O verdadeiro massacre, a verdadeira violência histórica do macho contra a mulher que humilhou todo o gênero durante toda a história da civilização não foi a violência física.

O culpado de tudo foi o processo de seleção natural que dotou o macho de um dimorfismo sexual tão devastador que transformou a fêmea do homo sapiens em quase outra espécie.

O macho é tão diferente e superior que somente uma mente doentia e psicopata poderia imaginar um processo de compensação para desfazer tal discricionariedade da natureza que dotou os machos de maior altura física, mais força muscular até três vezes mais massa muscular do que a mulher, 2,8 vezes mais explosão muscular, um trilhão a mais de neurônios, 1.000.000.000.000 e o resultado: o macho é o protagonista das guerras, da história humana, das revoluções políticas, dos impérios, da colonização que começou com as caçadas, com a exploração geográfica, das navegações transoceânicas de descobertas de continentes indo a todos os oceanos, sem uma única mulher a comandar uma nau ou caravela, inventou o parafuso, a polia, a roda, o plano inclinado, a cunha, o computador, a máquina a vapor, a geografia, a Matemática, enfim inventou tudo, ou quase tudo que existe no mundo, e qual foi a reação da feminina?

Culpar o homem por ser tão poderoso e ter excluído a mulher por preconceito sexual.

A mulher é um fracasso intelectual, humano, físico, e não teve a menor chance, e culpar o macho apenas a coloca em posição de fazer e mostrar que é melhor, e a humanidade não pode correr esse risco de fracassar e desaparecer apenas para provar que houve uma grande injustiça porque a mulher na verdade é incapaz de competir com o macho, e fim.

Mulher rodada.

A mulher se apaixona entre os 13 anos e os 25, depois disso vira guerrilheira sobrevivente, já mapeou toda a raça masculina e as suas leis de sobrevivência, já percebeu que o macho é um animal insensível e só quer seu sexo.

Esse choque com a realidade não a transforma em macho, mas em uma mulher com cabeça transtornada pela decepção com o mundo ácido tóxico masculino em contradição com o mundo romântico sonhador que desmorona a fragilidade emocional feminina se transformando pelo pânico numa feroz suicida, que age sem planejamento apenas movida pelo ódio inconsequente.

Nessa fase a racionalidade sai de cena e então o macho não consegue prever as suas reações totalmente desproporcionais, sem consequência e assusta aos homens que nunca estarão preparados para a ferocidade das atitudes completamente desproporcionais e irracionais de quem não prevê as consequências de seus atos, por que a virgindade se perdeu para sempre, irremediavelmente, e não pode mais ser negociada, e seu valor cada vez mais vai caindo pelo uso, e pela idade.

Quanto mais a mulher pratica sexo melhor ela fica, mais cai seu valor de mercado das relações promissoras.

A cada dia fica claro que o valor da mulher não está na beleza, mas como num carro, está na quilometragem, cada vez mais os homens vão procurando as mais novinhas até chegar ao limite da legalidade, as menores de idade, as lolitas.

Nada mais interessa no mercado sexual cuja única moeda feminina é a sua idade, insanável, irrecorrível, irrecuperável, inexorável, inevitável, insubstituível.

Lindas as mulheres russas, loiras, morenas, ruivas, cerca de 160 nacionalidades e etnias formam o acervo fenotípico e genotípico da Rússia, tem as mulheres mais loiras da terra que são as lituanas, por isolamento natural de um país que não atrai imigrantes, cultivou naturalmente o gene recessivo para olhos muito claros e pele e cabelos muito claros.

Quanta beleza, mas, sempre tem o mas, o porém, o custo, a frugalidade e a superficialidade de tudo isso coroada pela efemeridade da beleza juvenil.

Eu gosto de olhar as velhinhas russas, como são obesas, feias, enrugadas, sem nenhuma sombra ou vestígio de sua beleza juvenil, parece que a impermanência é tão rápida quanto o brilho de vagalume, então esse é futuro de todas as beldades eslavas, a maior parte de suas vidas serão senhoras velhas, enrugadas e feias, sem atrativos físicos, dos 40 anos aos 75 anos de feiura para compensar a beleza estonteante dos 13 anos até os 30 anos, são 17 anos de glória efusiva contra 34 de recordação e lamentos, saudades e lembranças.

 O ser humano não passa impune pela soberba e imprevidência.

Nem posso lembrar das dezenas de beldades da minha adolescência que na sua soberba e deslumbrante beleza me desprezaram humilhavam aos nerds feiosos, e a vida nos premiou com a sobrevivência delas para que eu possa olhar o que o tempo fez com tanta audácia, ousadia, arrogância, prepotência, pretensão, inconveniência, mas parece que este legado nunca vige para as novas gerações, que vão se alternando nos mesmo vícios, e quando vejo uma bela jovem me esnobando na sua beleza fugaz, apenas confirma a estupidez da juventude inconsequente e cega.

Sem ressentimentos, se alguma amiga da minha adolescência ou juventude estiver lendo isso, apenas o castigo para a inconsequência das amigas, tias, sobrinhas, irmãs, vizinhas, colegas, ex namoradas, todas que desfilaram sua arrogância na passarela da insensatez.

Se você foi banido da minha rede social não pode ler essa mensagem, sou cidadão civilizado e não aceito grosserias tipo: genocida, ladrão petralha, fascista, porque ainda acredito no debate de ideias; ainda não estamos na China, nem no Gulag, muito menos em Guantánamo. Difícil entender?

Já estamos vivendo numa ditadura tipo livro 1984 de George Orwel, de 13.000 engajamentos no Instagram num único reels caiu esta cifra misteriosamente para 30 engajamentos.

Senhores, acabou a liberdade de expressão, mas não a de pensamento.

A maior arma do feminismo ainda são os peitões cheios de silicone nos decotes sendo mostrados para a intimidação dos machos, as calças leg e shorts super minúsculos e justos entrando em todas as cavidades do corpo femini, o grande bundão à mostra, quem tem um, e a cara de quem não tenho outros argumentos a não ser o sexo, foi para isso que fizeram a revolução feminista?

Porque no debate intelectual e na folha corrida a lista do prêmio NOBEL vai continuar machista.

Não acredito em pessoas que querem salvar a humanidade, como salvadores e justiceiros, desde: Batman, Super-homem, Pastor protestante, militante feminista, MBL, e é claro os comunistas, quem acha que o mundo está errado certamente é um psicopata perigoso, como Biden, Trump, Xi jin Ping, Kim Jon Um, e outros iluminados da virtude absoluta.

Adoro o mundo como ele é, eu como carne e os mancebos veganos comem alface, os mi mi mi comem sushi, cada um enfia no rabo o que achar melhor só não venha na minha porta que nem testemunha de jeová me atormentar com o medo de ir para o inferno, ninguém vai pra algum lugar sem levar o corpo junto, capriche.

Amigo, desculpe, fui técnico de planejamento e pesquisa do IPEA e fiz um trabalho sobre isso, algumas observações precisam ser feitas.

Primeiro, o Brasil continua uma tragédia em ensino superior, o Brasil tem números espantosos no ensino superior,

Em primeiro lugar, quem cria tecnologia são os matemáticos, eu separei na categoria de matemáticos: os Estatísticos, os Matemáticos, os engenheiros que estudam até cálculo III e equações diferenciais, o que exclui muitos cursos que se chamam de engenharia, e Físicos, como classificam a China, a Rússia, a França, a Grã Bretanha, Japão, Coreia, Espanha, Alemanha, Tchéquia, Slováquia, Canadá, Estados Unidos,

Pois então desse ponto de vista o Brasil está muito mal, o Brasil forma 38.000 matemáticos por ano,

a China 1.640.000,

Índia 640.000,

Rússia 510.000,

EUA 210.000,

Japão 180.000,

Espanha 60.000,

França 120.000,

Grã Bretanha 140.000,

o Brasil gasta dinheiro público no ensino superior para formar advogados, o Brasil somente perde para o Japão em advogados por habitante,

o Brasil é o país que mais forma gente de ciências humanas: professoras pedagogas, sociólogos, antropólogos, historiadores, jornalistas, desenhistas, atores, produtores de mídias, pastores, psicólogos, padres, geógrafos, arquivistas, toda sorte de idiotas e quase cem por cento são de mulheres.

Dá pra perceber que os centros de excelência em engenharia o ITA, IME, Instituto de Matemática do Rio de Janeiro, 99% são homens, até porque foram os matemáticos que criaram praticamente tudo que existe em tecnologia, na informática só existem duas mulheres, Ada, e Linda Lovelace, os nomes da informática são homens, os maiores criadores de vídeo game do mundo são brasileiros, todos homens, portanto, reveja suas estatísticas, por favor.

Os homens inventaram tudo que existe no mundo, a participação feminina é tão ridícula que quase nada e quase nenhum nome de mulher existe na lista de prêmio NOBEL, como a Malala, coitada, as mulheres femini chamaram os homens para a guerra, e vão perder,

E digo isso com tristeza e sem veleidade, os homens são muito mais inteligentes, e se você e o governo atirar as mulheres nesta competição contra os homens dentro de 50 anos as mulheres humilhadas vão estar muito mais desmoralizadas do que antes da onda da Maria da Penha e outras idiotices e sandices comunistas.

Depois da supremacia do discurso feminista o que vemos: mulheres empoderadas mostrando sua força e dominação no mercado de trabalho, ocupando os postos chaves na indústria, no comércio, na economia, nas ciências e nos esportes e artes?

A resposta é que o discurso empoderador se transformou em muito mais bunda de fora nos shorts cada vez mais apertados, mais curtos e mais ousados, os decotes desceram até o umbigo, o silicone aumenta os seios e a bunda, então onde foi parar aquele discurso de mulher objeto?

O discurso contra a mercadoria em que se transformara o corpo da mulher foi reforçada pela frase "meu corpo, minhas regras",

a mulher se defende no mercado com a vagina, e não com o cérebro, porque estudar exige outro tipo de habilidade.

O discurso contra opressão masculina era apenas para desviar o verdadeiro motivo e a verdadeira agressão masculina cujo massacre não vai diminuir nem acabar, porque a verdadeira violência masculina de gênero contra todas as mulheres é o cérebro privilegiado e diferenciado dos machos, enquanto o macho se distrai com o discurso da violência da força bruta, as mulheres escondem a verdadeira violência que é o massacre da competência na competição do cérebro masculino que sufoca e dizima as mulheres numa competição intelectual sem chances para o mundo feminino.

Os homens vão continuar ganhando de lavada as corridas de Fórmula Um, Indianápolis, GP de motociclismo, motocross, MMA, FFC, então parem de jogar a mulher num jogo perdido.

 Além de mais fraca fisicamente e mentalmente é emocionalmente vulnerável, a culpa não é do macho, é da seleção natural que dotou o macho de 1 trilhão de neurônios a mais do que a mulher, 1.000.000.000.000 e deu uma explosão muscular 2,5 mais rápida, densidade óssea 1,8 vezes maior e massa muscular 2,8 maior, densidade óssea 2 vezes maior.

A nadadora feminina que detém o record feminino mundial ainda não superado por outra mulher foi superada por mais de 700 nadadores masculinos que quebraram a sua marca sem serem sequer nadadores olímpicos, segundo os registros dos praticantes de natação apenas nas High Schools dos EUA.

É um massacre, uma violência contra qual está lutando a mulher, como os homens nórdicos são os melhores matemáticos do mundo, os africanos são os melhores atletas, o que resta a mulher era cuidar da prole durante os 9 meses da gestação e os dois anos de amamentação então as femimi inventaram o banquete de soberba, aqui em casa a farsa da divisão dos trabalhos domésticos com dignidade, então eu lavo a louça, limpo a casa, cozinho e passo a roupa, sem divisão. Não vou fazer parte da farsa da divisão do trabalho servil, porque já aguentar meu chefe e as suas soberbas não for uma humilhação então não sei onde está a fragilidade do fogão e da pia na dignidade femimi.

Felizmente tive o prazer de ter quatro das cinco ex esposas que se compraziam e se realizavam em arrumar a casa e adoravam cuidar do lar.

Sinceramente eu nem queria ser mulher, agora vão ter que provar que estão acima do nível dos homens, e ter que descontar a lista de prêmio NOBEL.... sorry

 Ainda bem que pararam de dizer tonterias como as mulheres se acidentam menos que os homens no trânsito, sem fazer a cuidadosa medida ponderada, ou, dizer que a mulher é multitarefa, gente aí pegam um celular, a mamadeira e a comida no fogão juntamente com a tábua de passar roupa enquanto a máquina executa a lavagem, em que mundo esse povo vive?

Multitarefa é cuidar dos 400 set ups do volante de um carro de Fórmula Um a trezentos e vinte quilômetros por hora, com o Max Vestapen atrás de você pensando ao mesmo tempo no calor da pista, temperatura do pneus, desgaste dos freios, ventos laterais, sujeira na pista e ainda conversar com o engenheiro pelo rádio, se isso não for multitarefa fudeu!

A Suécia a 50 anos fez a revolução feminista mais avançada do mundo, mas nunca substituíram o macho nos setores estratégicos e estruturais, na engenharia, na tecnologia, na economia nas Matemáticas, seria o laboratório ideal para avaliar as ideias feministas, mas temo que eles vão nos enrolar com parâmetros e indicadores falseados escondendo os grandes progressos sem indicar que as mudanças foram apenas nas escolas nos hospitais, no comércio, terão que esconder a revolução foi uma fraude.

Não é o homem que é penalizado pela lei do divórcio, é apenas o homem que abandona sua fêmea depois de transar e engravidar; eu explico: o pai pode deixar toda a família passando fome e não tem punição desde que esteja debaixo do mesmo teto, mas se sair da companhia cai na prisão por falta de pagamento de pensão alimentícia.

Isso foi um descuido da lei?

Claro que não!

A ideologia da lei é caçar o macho que se relaciona com uma mulher, por isso como os cabras não estão mais se casando nem comendo as mulheres então vem a Maria da Penha, se olhar com cara feia já era, então se estiver uma relação faz o divórcio informal, o cara sai com uma mão na frente e o revólver no cú, carregando mal o que couber em sua mochila, e foda-se.

É o fim da sociedade com dois sexos compartilhando o mesmo espaço físico?

Não é uma pena para o inadimplente.

Ninguém pode ser preso por dívida.

Grande avanço no código penal mundial, retirando a pena de escravidão por dívida desde a Lei de Talião de 4000 a.C. com os sumérios e babilônios.

Repristinada a lei androfóbica na linha de punir o macho humano que causou a gravidez numa fêmea humana.

A prisão por inadimplemento do pagamento da pensão alimentícia atinge apenas o homem, o macho em sua masculinidade.

Não é para garantir os alimentos, nada disso, se fosse: o empregador, o governo, o condenado, o precatório da dívida pública referente aos salários, e tudo que ser referisse ao salário seria punido com prisão por negação da alimentação.

Não se trata de negação de alimentos, pois falta ou atraso no pagamento de salário é alimento negado, negação ou adiamento de pagamento de precatório trabalhista também é negação de alimento, atraso de pagamento do empregador, ou ausência, ou falta de correção do valor de compra do salário devido à inflação também é negação do direito de alimentação.

Então porque somente responde com a prisão aquele macho que ousou engravidar uma mulher e lhe falta com a alimentação depois de se apartar dela, porque se ainda estiver casado, pode sim faltar com o cumprimento da alimentação, veja só, o marido pode deixar de prestação de alimentação, mas não o ex marido!

A ideologia da prisão pelo inadimplemento da pensão alimentícia nada tem a ver com a falta da prestação alimentícia, tem a ver com a ideologia feminista do macho que violou a donzela e não fez o resgate devido do dote da virgindade legal perdida.

Ninguém é preso por dívida nem por negar a alimentação para seu filho, exceto se você comer uma mulher, engravidá-la e não ficar ao seu lado.

Ah bom.

Leis Manginas

A estupidez humana não tem limites.

Consegue me surpreender sempre.

Como seria possível reduzir as estatísticas da violência contra as mulheres?

Não consigo imaginar isso!

Segundo os dados do Ministério da justiça os assassinatos das mulheres atingiram a incrível e catastrófica cifra de 6,12 mulheres por cada cem mil habitantes no Brasil!

Quando consideramos que no Brasil cerca de 49,9 assassinatos são cometidos por cada grupo de cem mil habitantes, e que cerca de 37,1 assassinatos de homens negros são cometidos para cada grupo de cem mil habitantes você pensa o quão absurda é a lei Maria da Penha!

Na Noruega, Suécia ou Dinamarca esta é a ordem de grandeza dos assassinatos cerca de 0,5% ou 5 para cada cem mil habitantes. Precisamos de uma Lei Maria da Penha a favor dos homicídios dos homens contra eles mesmos para baixarmos para o índice das mulheres brasileira assassinadas.... Pelo amor de Deus, isto é histeria coletiva e propaganda enganosa... Sai dessa, vamos ser honestos, não se briga com os números!

Peço a condenação de todos os homens pelas continuadas violações cometidas contra as mulheres, principalmente estabelecendo por mais de 10 mil anos uma supremacia tal que tem hegemonicamente excluído a mulher de qualquer iniciativa importante para a humanidade.

Os homens criaram praticamente tudo que existe na vida moderna sem permitir a menor participação feminina, pois criaram, entre outras coisas:

Submarino;
Navio a vapor
Aviões
Automóveis
Computador
Sistemas Operacionais digitalizados e analógicos para dispositivos computadorizados
Helicópteros
hélice
Geradores elétricos
Solda Elétrica
Caneta esferográfica
Máquina de lavar roupa
Secadores de cabelo
Chapinha elétrica de cerâmica
Microprocessadores de semicondutor

Inventaram, descobriram a Física,
Química
Matemática
Geografia
Filosofia
Psicologia
Medicina

Antropologia

Sociologia

Astronáutica

Astrologia

Engenharias

 e enfim, não deixaram quase nada para as mulheres descobrirem ou inventarem.

Este fato deixou as mulheres em uma situação tal que as mesmas encontram-se sem condições de provarem as suas qualidades intelectuais por total ausência de qualquer oportunidade deixada pelos machos.

É por isso que pessoas como Maria da Penha sofreram agressões durante quase uma década (de 1983 até 1993) pelo seu marido e sem poder se afastar dele, permitiu que o seu sofrimento se prolongasse até que o mesmo fosse afastado do seu lado pelo divórcio.

As mulheres precisam ser tuteladas, cuidadas, conduzidas por que a opressão do macho não permite que elas cresçam e elas são incapazes de romperem esta dependência total do macho, intelectualmente, fisicamente, economicamente e sentimentalmente.

RELATÓRIO ANUAL 2000

RELATÓRIO N° 54/01*

CASO 12.051 / OEA

MARIA DA PENHA MAIA FERNANDES

BRASIL

4 de abril de 2001

I. RESUMO

1m 20 de agosto de 1998, a Comissão Interamericana de Direitos Humanos (doravante denominada "a Comissão") recebeu uma denúncia apresentada pela Senhora Maria da Penha Maia Fernandes, pelo Centro pela Justiça e pelo Direito Internacional (CEJIL) e pelo Comitê Latino-Americano de Defesa dos Direitos da Mulher (CLADEM) (doravante denominados "os peticionários"), baseada na competência que lhe conferem os artigos 44 e 46 da Convenção Americana sobre Direitos Humanos (doravante denominada "a Convenção" ou "a Convenção Americana) e o artigo 12 da Convenção Interamericana para Prevenir, Punir e Erradicar a Violência contra a Mulher (Convenção de Belém do Pará ou CVM).

A denúncia alega a tolerância da República Federativa do Brasil (doravante denominada "Brasil" ou "o Estado") para com a violência cometida por Marco Antônio Heredia Viveiros em seu domicílio na cidade de Fortaleza, Estado do Ceará, contra a sua então esposa Maria da Penha Maia Fernandes durante os anos de convivência matrimonial, que culminou numa tentativa de homicídio e novas agressões em maio e junho de 1983. Maria da Penha, em decorrência dessas agressões, sofre de paraplegia irreversível e outras enfermidades desde esse ano. Denuncia-se a tolerância do Estado, por não haver efetivamente tomado por mais de 15 anos as medidas necessárias para processar e punir o agressor, apesar das denúncias efetuadas. Denuncia-se a violação dos artigos 1(1) (Obrigação de respeitar os direitos); 8 (Garantias judiciais); 24 (Igualdade perante a lei) e 25 (Proteção judicial) da Convenção Americana, em relação aos artigos II e XVIII da Declaração Americana dos Direitos e Deveres do Homem (doravante denominada "a Declaração"), bem como dos artigos 3, 4,a,b,c,d,e,f,g, 5 e 7 da Convenção de Belém do Pará. A Comissão fez passar a petição pelos trâmites regulamentares. Uma vez que o Estado não apresentou comentários sobre a petição, apesar dos repetidos requerimentos da Comissão, os peticionários solicitaram que se presuma serem verdadeiros os fatos relatados na petição aplicando-se o artigo 42 do Regulamento da Comissão.

A Comissão analisa neste relatório os requisitos de admissibilidade e considera que a petição é admissível em conformidade com os artigos 46(2)(c) e 47 da Convenção Americana e o artigo 12 da Convenção de Belém do Pará. Quanto ao fundo da questão denunciada, a Comissão conclui neste relatório, elaborado segundo o disposto no artigo 51 da Convenção, que o Estado violou, em prejuízo da Senhora

Maria da Penha Maia Fernandes, os direitos às garantias judiciais e à proteção judicial assegurados pelos artigos 8 e 25 da Convenção Americana, em concordância com a obrigação geral de respeitar e garantir os direitos, prevista no artigo 1(1) do referido instrumento e nos artigos II e XVII da Declaração, bem como no artigo 7 da Convenção de Belém do Pará. Conclui também que essa violação segue um padrão discriminatório com respeito a tolerância da violência doméstica contra mulheres no Brasil por ineficácia da ação judicial. A Comissão recomenda ao Estado que proceda a uma investigação séria, imparcial e exaustiva para determinar a responsabilidade penal do autor do delito de tentativa de homicídio em prejuízo da Senhora Fernandes e para determinar se há outros fatos ou ações de agentes estatais que tenham impedido o processamento rápido e efetivo do responsável; também recomenda a reparação efetiva e pronta da vítima e a adoção de medidas, no âmbito nacional, para eliminar essa tolerância do Estado ante a violência doméstica contra mulheres.

II. TRAMITAÇÃO PERANTE A COMISSÃO E OFERECIMENTO DE SOLUÇÃO AMISTOSA

Em 20 de agosto de 1998, a Comissão Interamericana recebeu a petição relativa ao caso e, em 1º de setembro do mesmo ano, enviou notificação aos peticionários acusando o recebimento de sua denúncia e informando-lhes que havia sido iniciada a tramitação do caso. Em 19 de outubro de 1998, a Comissão Interamericana transmitiu a petição ao Estado e solicitou-lhe informações a respeito da mesma.

Ante a falta de resposta do Estado, em 2 de agosto de 1999, os peticionários solicitaram a aplicação do artigo 42 do Regulamento da Comissão com o propósito de que se presumisse serem verdadeiros os fatos relatados na denúncia, uma vez que haviam decorrido mais de 250 dias desde a transmissão da petição ao Brasil e este não havia apresentado observações sobre o caso.

Em 4 de agosto de 1999, a Comissão reiterou ao Estado sua solicitação de envio das informações que considerasse pertinentes, advertindo-o da possibilidade de aplicação do artigo 42 do Regulamento.

Em 7 de agosto de 2000, a Comissão se colocou à disposição das partes por 30 dias para dar início a um processo de solução amistosa de acordo com os artigos 48.1,f da Convenção e 45 do Regulamento da Comissão, sem que até esta data tenha sido recebida resposta afirmativa de nenhuma das partes, motivo por que a Comissão considera que, nesta etapa processual, o assunto não é suscetível de solução por esse meio.

III. POSIÇÕES DAS PARTES

Posição dos peticionários

De acordo com a denúncia, em 29 de maio de 1983, a Senhora Maria da Penha Maia Fernandes, de profissão farmacêutica, foi vítima, em seu domicílio em Fortaleza, Estado do Ceará, de tentativa de homicídio por parte de seu então esposo, Senhor Marco Antônio Heredia Viveiros, de profissão economista, que disparou contra ela um revólver enquanto ela dormia, ato que culminou uma série de agressões sofridas durante sua vida matrimonial. Em decorrência dessa agressão, a Senhora Fernandes sofreu várias lesões e teve de ser submetida a inúmeras operações cirúrgicas. Em consequência da agressão de seu esposo, ela sofre de paraplegia irreversível e outros traumas físicos e psicológicos.[1]

Os peticionários indicam que o temperamento do Senhor Heredia Viveiros era agressivo e violento e que ele agredia sua esposa e suas filhas durante o tempo que durou sua relação matrimonial, situação que, segundo a vítima, chegou a ser insuportável, pois não se atrevia, por temor, a tomar a iniciativa de separar-se. Sustenta ela que o esposo procurou encobrir a agressão alegando ter havido uma tentativa de roubo e agressão por parte de ladrões que teriam fugido. Duas semanas depois de a Senhora Fernandes regressar do hospital, e estando ela em recuperação, pela agressão homicida de 29 de maio de 1983, sofreu um segundo atentado contra sua vida por parte do Senhor Heredia Viveiros, que teria procurado eletrocutá-la enquanto se banhava. Nesse ponto, decidiu separar-se dele judicialmente. Asseguram que o Senhor Heredia Viveiros agiu premeditadamente, pois semanas antes da agressão tentou convencer a esposa de fazer um seguro de vida a favor dele e, cinco dias antes de agredi-la, procurou obrigá-la a assinar um documento de venda do carro, de propriedade dela, sem que constasse do documento o nome do comprador. Indicam que a Senhora Fernandes posteriormente se inteirou de que o Senhor Viveiros tinha um passado de delitos, era bígamo e

tinha um filho na Colômbia, dados que não revelara à
esposa.

Acrescentam que, em virtude da paraplegia resultante, a
vítima deve ser submetida a múltiplos tratamentos físicos de
recuperação, além de se achar em grave estado de
dependência, que faz com que necessite da ajuda constante
de enfermeiros para que se possa mover. Tais despesas
permanentes com medicamentos e fisioterapeutas são altas
e a Senhora Maria da Penha não recebe ajuda financeira por
parte do ex-esposo para custeá-las. Tampouco efetua ele os
pagamentos de pensão alimentar prescritos no juízo de
separação.

Alegam os peticionários que, durante a investigação judicial,
iniciada dias depois da agressão de 6 de junho de 1983,
foram recolhidas declarações que comprovavam a autoria do
atentado por parte do Senhor Heredia Viveiros, apesar de
este sustentar que a agressão fora cometida por ladrões que
pretendiam entrar na residência comum. Durante a
tramitação judicial foram apresentadas provas que
demonstram que o Senhor Heredia Viveiros tinha a intenção
de matá-la, e foi encontrada na casa uma espingarda de sua
propriedade, o que contradiz sua declaração de que não
possuía armas de fogo. Análises posteriores indicaram que a
arma encontrada foi a utilizada no delito. Com base em tudo
isso, o Ministério Público apresentou sua denúncia contra o
Senhor Heredia Viveiros em 28 de setembro de 1984, como
ação penal pública perante a 1a. Vara Criminal de Fortaleza,
Estado do Ceará.

Os peticionários observam que, apesar da contundência da acusação e das provas, o caso tardou oito anos a chegar a decisão por um Júri, que em 4 de maio de 1991, proferiu sentença condenatória contra o Senhor Viveiros, aplicando-lhe, por seu grau de culpabilidade na agressão e tentativa de homicídio, 15 anos de prisão, que foram reduzidos a dez anos, por não constar condenação anterior.

Indicam que nesse mesmo dia, 4 de maio de 1991, a defesa apresentou um recurso de apelação contra a decisão do Júri. Esse recurso, segundo o artigo 479 do Código Processual Penal brasileiro, era extemporâneo, pois somente podia ser instaurado durante a tramitação do juízo, mas não posteriormente. Essa impossibilidade legal é reiteradamente sustentada pela jurisprudência brasileira e pelo próprio Ministério Público no caso em apreço.

Passaram-se outros três anos até que, em 4 de maio de 1995, o Tribunal de Alçada decidiu da apelação. Nessa decisão, aceitou a alegação apresentada extemporaneamente e, baseando-se no argumento da defesa de que houve vícios na formulação de perguntas aos jurados, anulou a decisão do Júri.

1legam que paralelamente se desenvolvia outro incidente judicial pela apelação contra a sentença de pronúncia (primeira decisão judicial pela qual o Juiz decide que há indícios de autoria que justiticam levar o caso ao Júri), apelação que teria sido também extemporânea e que foi declarada como tal pelo Juiz. Para o exame dessa decisão, também interposto recurso de apelação perante o Tribunal de Justiça do Estado do Ceará, que aceitou considerar a apelação e a rejeitou, confirmando em 3 de abril de 1995 a sentença de pronúncia, uma vez mais reinstituindo que havia indícios suficientes de autoria.

A denúncia sobre a ineficácia judicial e a demora em ministrar justiça continua a sustentar que dois anos depois da anulação da sentença condenatória proferida pelo primeiro Júri, em 15 de março de 1996, realizou-se um segundo julgamento pelo Júri em que o Senhor Viveiros foi condenado a dez anos e seis meses de prisão.

Os peticionários manifestam que novamente o Tribunal aceitou uma segunda apelação da defesa, em que se alegava que o réu foi julgado ignorando-se as provas de autos. Desde 22 de abril de 1997, o processo se encontra à espera da decisão do recurso em segunda instância perante o Tribunal de Justiça do Estado do Ceará e, até a data da apresentação da petição à Comissão, não havia sido decidido.

Alegam os peticionários que, na data da petição, a justiça brasileira havia tardado mais de 15 anos sem chegar à condenação definitiva do ex-esposo da Senhora Fernandes, que se mantivera em liberdade durante todo esse tempo, apesar da gravidade da acusação e das numerosas provas contra ele e apesar da gravidade dos delitos cometidos contra a Senhora Fernandes. Desse modo, o Poder Judiciário do Ceará e o Estado brasileiro agiram de maneira ineficaz deixando de conduzir o processo judicial de maneira rápida e eficiente, com isso criando alto risco de impunidade, uma vez que a punição neste caso prescreve depois de transcorridos 20 anos do fato, o que não demora a ocorrer. Sustentam que o Estado brasileiro devia ter tido por principal objetivo a reparação das violações sofridas por Maria da Penha, assegurando-lhe um processo justo num prazo razoável.

Sustentam que sua denúncia não representa uma situação isolada no Brasil e que este caso é um exemplo do padrão de impunidade nos casos de violência doméstica contra mulheres no Brasil, pois a maioria das denúncias não chegam a converter-se em processos criminais e, dos poucos que chegam a ser processados, somente uma minoria chega à condenação dos perpetradores. Recordam os termos da própria Comissão quando defendeu em seu relatório sobre o Brasil o seguinte:

Os delitos incluídos no conceito de violência contra a mulher constituem uma violação dos direitos humanos, de acordo com a Convenção Americana e os termos mais específicos da Convenção de Belém do Pará. Quando os delitos são perpetrados por agentes do Estado, o uso da violência contra a integridade física e/ou mental de uma mulher ou de um homem são responsabilidade direta do Estado. Ademais, o Estado tem a obrigação, de acordo com o artigo 1(1) da Convenção Americana e o artigo 7,b da Convenção de Belém do Pará, de atuar com a devida diligência a fim de prevenir as violações dos direitos humanos. Isso significa que, embora a conduta não seja orginalmente imputável ao Estado (por exemplo, porque o agressor é anônimo ou não é um agente do Estado), um ato de violação pode acarretar responsabilidade estatal "não pelo ato em si, mas pela falta da devida diligência para prevenir a violação ou a ela responder conforme requer a Convenção.

Alegam que o Estado não tomou medidas eficazes de prevenção e punição legal da violência doméstica no Brasil, apesar de sua obrigação internacional de preveni-la ou puni-la. Também apontam a situação de que os dados de homicídio e violência sexual contra mulheres são perpetrados, na maioria dos casos, por seus companheiros ou conhecidos.

Alegam que, de acordo com seus compromissos internacionais, o Estado brasileiro deveria agir preventivamente – e não o faz – para reduzir o índice de violência doméstica, além de investigar, processar e punir os agressores dentro de prazo razoável segundo as obrigações assumidas internacionalmente de proteção dos direitos humanos. No caso da Senhora Fernandes, o Governo brasileiro deveria ter procedido com o objetivo principal de reparar as violações sofridas e de assegurar-lhe um processo justo contra o agressor dentro de prazo razoável.

Consideram demonstrado que os recursos internos não foram efetivos para reparar as violações dos direitos humanos sofridos por Maria da Penha Maia Fernandes e, para agravar esse fato, a demora da justiça brasileira em chegar a uma decisão definitiva, poderia acarretar em 2002 a prescrição do delito pelo transcurso de 20 anos da sua perpetração, impedindo que o Estado exerça o jus punendi e que o acusado responda pelo crime cometido. Essa ineficácia do Estado também provoca a incapacidade da vítima de obter a reparação civil correspondente.

Finalmente, os peticionários solicitaram a aplicação do artigo 42 do Regulamento da Comissão, para estabelecer que se presuma a veracidade dos fatos alegados na denúncia por não haver o Estado respondido, não obstante haverem transcorridos mais de 250 dias desde a transmissão da denúncia ao Estado brasileiro.

Posição do Estado

O Estado brasileiro não apresentou à Comissão resposta alguma com respeito à admissibilidade ou ao mérito da petição, apesar das solicitações formuladas pela Comissão ao Estado em 19 de outubro de 1998, em 4 de agosto de 1999 e em 7 de agosto de 2000.

IV. ANÁLISE SOBRE COMPETÊNCIA E ADMISSIBILIDADE

Competência da Comissão

Os peticionários sustentam que o Estado violou os direitos da vítima em conformidade com os artigos 1(1), 8, 24 (em relação aos artigos II e XVIII da Declaração Americana) e 25 da Convenção Americana (ratificada pelo Brasil em 25 de novembro de 1992) e os artigos 3, 4, 5 y 7 da Convenção de Belém do Pará (ratificada em 27 de novembro de 1995), pelas violações cometidas a partir de 29 de maio de 1983 e, de maneira contínua, até o presente momento. Sustentam que a falta de ação eficaz e a tolerância do Estado continuam mesmo sob a vigência superveniente dessas duas Convenções Interamericanas.

A Comissão considera que tem competência ratione materiae, ratione loci e ratione temporis por tratar a petição de direitos protegidos originalmente pela Declaração Americana sobre os Direitos e Deveres do Homem, bem como pela Convenção Americana e pela Convenção de Belém do Pará desde sua respectiva vigência obrigatória com respeito à República Federativa do Brasil. Apesar de a agressão original ter ocorrido em 1983, sob a vigência da Declaração Americana, a Comissão, com respeito à alegada falta de garantias de respeito ao devido processo, considera que, por se tratar de violações contínuas, estas seriam cabíveis também sob a vigência superveniente da Convenção Americana e da Convenção de Belém do Pará, porque a alegada tolerância do Estado a esse respeito poderia constituir uma denegação contínua de justiça em prejuízo da Senhora Fernandes que poderia impossibilitar a condenação do responsável e a reparação da vítima. Consequentemente, o Estado teria tolerado uma situação de impunidade e não-defensão, de efeitos perduráveis mesmo posteriormente à data em que o Brasil se submeteu à Convenção Americana e à Convenção de Belém do Pará. Com relação à sua competência quanto à aplicação da Convenção Interamericana para prevenir, Punir e Erradicar a Violência contra a Mulher, "Convenção de Belém do para" (CVM), a Comissão tem competência em geral por se tratar de um instrumento interamericano de direitos humanos, além da competência que especificamente lhe conferem os Estados no artigo 12 da referida Convenção, que diz o seguinte:

Qualquer pessoa ou grupo de pessoas, ou qualquer entidade

não-governamental juridicamente reconhecida em um ou mais Estados membros da Organização, poderá apresentar à Comissão Interamericana de Direitos Humanos petições referentes a denúncias ou queixas de violação do artigo 7 desta Convenção por um Estado Parte, devendo a Comissão considerar tais petições de acordo com as normas e procedimentos estabelecidos na Convenção Americana sobre Direitos Humanos e no Estatuto e Regulamento da Comissão Interamericana de Direitos Humanos, para a apresentação e consideração de petições.

Com respeito à competência ratione personae, a petição foi apresentada conjuntamente pela Senhora Maria da Penha Maia Fernandes, pelo Centro pela Justiça e pelo Direito Internacional (CEJIL) e pela Comissão Latino-Americana de Defesa dos Direitos da Mulher (CLADEM), todos eles habilitados para apresentar petições à Comissão, de acordo com o artigo 44 da Convenção Americana. Ademais, com relação ao Estado, de acordo com o artigo 28 da Convenção Americana, quando se tratar de uma república federativa, como é o caso do Brasil, o governo nacional responde na esfera internacional tanto por seus próprios atos como pelos atos praticados pelos agentes das entidades que compõem a federação.

Requisitos de admissibilidade da petição

a) Esgotamento dos recursos da jurisdição interna

Segundo o artigo 46(1)(a) da Convenção, é necessário o esgotamento dos recursos da jurisdição interna para que uma petição seja admissível perante a Comissão. Entretanto, a Convenção também estabelece em seu artigo 46(2)(c) que, quando houver atraso injustificado na decisão dos recursos internos, a disposição não se aplicará. Conforme assinalou a Corte Interamericana, esta é uma norma a cuja invocação o Estado pode renunciar de maneira expressa ou tácita e, para que seja oportuna, deve ser suscitada nas primeira etapas do procedimento, podendo-se na falta disso presumir a renúncia tácita do Estado interessado a valer-se da mesma.

O Estado brasileiro não respondeu às repetidas comunicações com as quais lhe foi transmitida a petição e, por conseguinte, tampouco invocou essa exceção. A Comissão considera que esse silêncio do Estado constitui, neste caso, uma renúncia tácita a invocar esse requisito que o isenta de levar avante a consideração de seu cumprimento.

Com maior razão, porém, a Comissão considera conveniente lembrar aqui o fato inconteste de que a justiça brasileira esteve mais de 15 anos sem proferir sentença definitiva neste caso e de que o processo se encontra, desde 1997, à espera da decisão do segundo recurso de apelação perante o Tribunal de Justiça do Estado do Ceará. A esse respeito, a Comissão considera, ademais, que houve atraso injustificado na tramitação da denúncia, atraso que se agrava pelo fato de que pode acarretar a prescrição do delito e, por conseguinte, a impunidade definitiva do perpetrador e a impossibilidade de ressarcimento da vítima, consequentemente podendo ser também aplicada a exceção prevista no artigo 46(2)(c) da Convenção.

b) Prazo para apresentação

De acordo com o artigo 46(1)(b) da Convenção Americana, a admissão de uma petição está sujeita ao requisito de que seja apresentada oportunamente, dentro dos seis meses subsequentes à data em que a parte demandante tenha sido notificada da sentença final no âmbito interno. Como não houve uma sentença definitiva, a Comissão considera que a petição foi apresentada dentro de prazo razoável, de acordo com a análise das informações apresentadas pelos peticionários, e que se aplica a exceção com respeito ao prazo de seis meses prevista no artigo 46(2)(c) e no artigo 37(2)(c) do Regulamento da Comissão. A Comissão deixa consignado que essa consideração também se aplica ao que se refere à sua competência com respeito à Convenção de Belém do Pará, segundo o disposto em seu artigo 12 in fine.

c) Duplicação de procedimentos

Em relação à duplicação de procedimentos, não consta que os fatos de que se trata tenham sido denunciados perante outra instância, não havendo o Estado se manifestado a esse respeito; por conseguinte, a Comissão considera que a petição é admissível, em conformidade com os artigos 46,c e 47,d da Convenção Americana.

d) Conclusões sobre competência e admissibilidade

Ante o exposto, a Comissão considera que é competente para decidir deste caso e que a petição cumpre os requisitos de admissibilidade previstos na Convenção Americana sobre Direitos Humanos e na Convenção de Belém do Pará.

V. ANÁLISE DOS MÉRITOS DO CASO

O silêncio processual do Estado com respeito à petição contradiz a obrigação que assumiu ao ratificar a Convenção Americana em relação à faculdade da Comissão para "atuar com respeito às petições e outras comunicações, no exercício de sua autoridade, em conformidade com o disposto nos artigos 44 e 51 da Convenção". A Comissão analisou o caso com base nos documentos apresentados pelos peticionários e outros elementos obtidos, levando em conta o artigo 42 de seu Regulamento. Entre os documentos analisados encontram-se os seguintes:

- O livro publicado pela vítima "Sobrevivi, posso contar".
- O relatório da Delegacia de Roubos e Furtos sobre sua investigação.
- Os relatórios médicos sobre o tratamento que a vítima Maria da Penha teve de cumprir.
- Notícias de jornal sobre o caso e sobre a violência doméstica contra a mulher em geral no Brasil.
- A denúncia contra Heredia Viveiros feita pelo Ministério Público.
- O relatório do Instituto de Polícia Técnica, de 8 de outubro de 1983, e da Delegacia de Roubos e Furtos, dessa mesma data, ambos sobre a cena do crime e a arma encontrada.
- As declarações das empregadas domésticas, de 5 de janeiro de 1984.
- O pedido de antecedentes de Marco Antonio Heredia Viveiros, de 9 de fevereiro de 1984.
- O relatório do exame de saúde da vítima, de 10 de fevereiro

de 1984.

- A sentença de pronúncia, de 31 de outubro de 1986, em que a Juíza de Direito da 1a. Vara declara procedente a denúncia.

- A condenação pelo Júri, de 4 de maio de 1991.

- A alegação do Procurador-Geral solicitando seja o recurso rejeitado, de 12 de dezembro de 1991.

- A anulação pelo Tribunal de Justiça do Estado, de 4 de maio de 1994, da condenação do Júri original.

- A decisão do Tribunal de Justiça do Estado, de 3 de abril de 1995, aceitando conhecer do recurso contra a sentença de pronúncia, mas negando-se a deliberar a seu respeito, e submetendo o acusado a novo julgamento por Tribunal Popular.

- A decisão do Júri do novo Tribunal Popular condenando o acusado, de 15 de março de 1996.

Na opinião da Comissão, da análise de todos os elementos de convicção disponíveis não surgem elementos que permitam chegar a conclusões diferentes com respeito aos assuntos analisados, as quais são a seguir apresentadas.

A Comissão analisará primeiramente o direito à justiça segundo a Declaração e a Convenção Americana, para então completar a análise aplicando a Convenção de Belém do Pará.

A. Direito à justiça (artigo XVIII da Declaração); e às garantias judiciais (artículo 8 da Convenção) e à proteção judicial (artigo 25 da Convenção), em relação à obrigação de respeitar os direitos (artículo 1.1 da Convenção

Os artigos XVIII da Declaração e 8 e 25 da Convenção Americana sobre Direitos Humanos estabelecem para cada pessoa o direito de acesso a recursos judiciais e a ser ouvida por uma autoridade ou tribunal competente quando considere que seus direitos foram violados, e reafirmam o artigo XVIII (Direito à justiça) da Declaração, todos eles vinculados à obrigação prevista no artigo 1.1 da Convenção. Diz a Convenção o seguinte:

Artigo 25(1):

Toda pessoa tem direito a um recurso simples e rápido ou a qualquer outro recurso efetivo, perante os juízes ou tribunais competentes, que a proteja contra atos que violem seus direitos fundamentais reconhecidos pela constituição, pela lei ou pela presente Convenção, mesmo quando tal violação seja cometida por pessoas que estejam atuando no exercício de suas funções oficiais

Transcorreram mais de 17 anos desde que foi iniciada a investigação pelas agressões de que foi vítima a Senhora Maria da Penha Maia Fernandes e, até esta data, segundo a informação recebida, continua aberto o processo contra o acusado, não se chegou à sentença definitiva, nem foram reparadas as consequências do delito de tentativa de homicídio perpetrado em prejuízo da Senhora Fernandes.

 A Corte Interamericana de Direitos Humanos disse que o prazo razoável estabelecido no artigo 8(1) da Convenção não é um conceito de simples definição e referiu-se a decisões da Corte Europeia de Direitos Humanos para precisá-lo. Essas decisões estabelecem que devem ser avaliados os seguintes elementos para determinar a razoabilidade do prazo em que se desenvolve o processo: a complexidade do assunto, a atividade processual do interessado e a conduta das autoridades judiciais.

Nesse sentido, na determinação de em que consiste a expressão "num prazo razoável" deve-se levar em conta as particularidades de cada caso. In casu, a Comissão levou em consideração tanto as alegações dos peticionários como o silêncio do Estado.

A Comissão conclui que desde a investigação policial em 1984, havia no processo elementos probatórios claros e determinantes para concluir o julgamento e que a atividade processual foi às vezes retardada por longos adiamentos das decisões, pela aceitação de recursos extemporâneos e por demoras injustificadas. Também considera que a vítima e peticionária neste caso cumpriu as exigências quanto à atividade processual perante os tribunais brasileiros, que vem sendo impulsionada pelo Ministério Público e pelos tribunais atuantes, com os quais a vítima acusadora sempre colaborou. Por esse motivo, a Comissão considera que nem as características do fato e da condição pessoal dos implicados no processo, nem o grau de complexidade da causa, nem a atividade processual da interessada constituem elementos que sirvam de escusa para o retardamento injustificado da administração de justiça neste caso.

Desde o momento em que a Senhora Fernandes foi vítima do delito de tentativa de homicídio em 1983, presumidamente por seu então esposo, e foram iniciadas as respectivas investigações, transcorreram quase oito anos para que fosse efetuado o primeiro juízo contra o acusado em 1991; os defensores apresentaram um recurso de apelação extemporâneo, que foi aceito, apesar da irregularidade processual e, após mais três anos o Tribunal decidiu anular o juízo e a sentença condenatória existente.

O novo processo foi postergado por um recurso especial contra a sentença de pronúncia (indictment) de 1985 (recurso igualmente alegado como extemporâneo), que só foi resolvido tardiamente em 3 de abril de 1995. O Tribunal de Justiça do Estado do Ceará reafirmou dez anos depois a decisão tomada pelo Juiz em 1985 de que havia indícios de autoria por parte do acusado. Outro ano mais tarde, em 15 de março de 1996, um novo Júri condenou o Senhor Viveiros a dez anos e seis meses de prisão, ou seja, cinco anos depois de ser pela primeira vez proferida uma sentença neste caso. E, finalmente, embora ainda não encerrado o processo, uma apelação contra a decisão condenatória está à espera de decisão desde 22 de abril de 1997. Nesse sentido, a Comissão Interamericana observa que a demora judicial e a prolongada espera para decidir recursos de apelação demonstra uma conduta das autoridades judiciais que constitui uma violação do direito a obter o recurso rápido e efetivo estabelecido na Declaração e na Convenção. Durante todo o processo de 17 anos, o acusado de duas tentativas de homicídio contra sua esposa, continuou – e continua – em liberdade.

Conforme manifestou a Corte Interamericana de Direitos Humanos:

É decisivo dilucidar se a ocorrência de determinada violação dos direitos humanos reconhecidos pela Convenção contou com o apoio ou a tolerância do poder público ou se este agiu de maneira que a transgressão tenha sido cometida por falta de qualquer prevenção ou impunemente. Em definitivo, trata-se de determinar se a violação dos direitos humanos resulta da inobservância, por parte do Estado, de seus deveres de respeitar e garantir esses direitos, que lhe impõe o artigo 1(1) da Convenção.

Analogamente, a Corte estabeleceu o seguinte:

O Estado está, por outro lado, obrigado a investigar toda situação em que tenham sido violados os direitos humanos protegidos pela Convenção. Se o aparato do Estado age de maneira que tal violação fique impune e não seja restabelecida, na medida do possível, a vítima na plenitude de seus direitos, pode-se afirmar que não cumpriu o dever de garantir às pessoas sujeitas à sua jurisdição o exercício livre e pleno de seus direitos. Isso também é válido quando se tolere que particulares ou grupos de particulares atuem livre ou impunemente em detrimento dos direitos reconhecidos na Convenção.

Quanto às obrigações do Estado relativamente à circunstância de que se tenha abstido de agir para assegurar à vítima o exercício de seus direitos, a Corte Interamericana se manifestou da seguinte maneira:

A segunda obrigação dos Estados Partes é "garantir" o livre e pleno exercício dos direitos reconhecidos na Convenção a toda pessoa sujeita à sua jurisdição. Essa obrigação implica o dever dos Estados Partes de organizar todo o aparato governamental e, em geral, todas as estruturas mediante as quais se manifesta o exercício do poder público, de maneira que sejam capazes de assegurar juridicamente o livre e pleno exercício dos direitos humanos. Em consequência dessa obrigação, os Estados devem prevenir, investigar e punir toda violação dos direitos reconhecidos pela Convenção e, ademais, procurar o restabelecimento, na medida do possível, do direito consultado e, quando for o caso, a reparação dos danos produzidos pela violação dos direitos humanos.

No caso em apreço, os tribunais brasileiros não chegaram a proferir uma sentença definitiva depois de 17 anos, e esse atraso vem se aproximando da possível impunidade definitiva por prescrição, com a consequente impossibilidade de ressarcimento que, de qualquer maneira, seria tardia. A Comissão considera que as decisões judiciais internas neste caso apresentam uma ineficácia, negligência ou omissão por parte das autoridades judiciais brasileira e uma demora injustificada no julgamento de um acusado, bem como põem em risco definitivo a possibilidade de punir o acusado e indenizar a vítima, pela possível prescrição do delito. Demonstram que o Estado não foi capaz de organizar sua estrutura para garantir esses direitos. Tudo isso é uma violação independente dos artigos 8 e 25 da Convenção Americana sobre Direitos Humanos em relação com o artigo 1(1) da mesma, e dos artigos correspondentes da Declaração.

Igualdade perante a lei (artigo 24 da Convenção) e artigos II e XVIII da Declaração

Os peticionários também alegam a violação do artigo 24 da Convenção Americana em relação ao direito de igualdade perante a Lei e ao direito à justiça protegidos pela Declaração Americana dos Direitos e Deveres do Homem (artigos II e XVIII).

Nesse sentido, a Comissão Interamericana destaca que acompanhou com especial interesse a vigência e evolução do respeito aos direitos da mulher, especialmente os relacionados com a violência doméstica. A Comissão recebeu informação sobre o alto número de ataques domésticos contra mulheres no Brasil. Somente no Ceará (onde ocorreram os fatos deste caso) houve, em 1993, 1.183 ameaças de morte registradas nas Delegacias Policiais para a mulher, de um total de 4.755 denúncias.

As agressões domésticas contra mulheres são desproporcionadamente maiores do que as que ocorrem contra homens. Um estudo do Movimento Nacional de Direitos Humanos do Brasil compara a incidência de agressão doméstica contra mulheres e contra homens e mostra que, nos assassinatos, havia 30 vezes mais probabilidade de as vítimas o sexo feminino terem sido assassinadas por seu cônjuge, que as vítimas do sexo masculino. A Comissão constatou, em seu Relatório Especial sobre o Brasil, de 1997, que havia uma clara discriminação contra as mulheres agredidas, pela ineficácia dos sistemas judiciais brasileiros e sua inadequada aplicação dos preceitos nacionais e internacionais, inclusive dos procedentes da jurisprudência da Corte Suprema do Brasil. Dizia e Comissão em seu relatório sobre a situação dos direitos humanos em 1997:

Além disso, inclusive onde existem essas delegacias especializadas, o caso com frequência continua a ser que as mulheres não são de todo investigadas ou processadas. Em alguns casos, as limitações entorpecem os esforços envidados para responder a esses delitos. Em outros casos, as mulheres não apresentam denúncias formais contra o agressor. Na prática, as limitações legais e de outra natureza amiúde expõem as mulheres a situações em que se sentem obrigadas a atuar. Por lei, as mulheres devem apresentar suas queixas a uma delegacia e explicar o que ocorreu para que o delegado possa redigir a "denúncia de incidente". Os delegados que não tenham recebido suficiente treinamento podem não ser capazes de prestar os serviços solicitados, e alguns deles, segundo se informa, continuam a responder às vítimas de maneira a fazer com que se sintam envergonhadas e humilhadas. Para certos delitos, como a violação sexual, as vítimas devem apresentar-se ao Instituto Médico Legal, que tem a competência exclusiva para realizar os exames médicos requeridos pela lei para o processamento da denúncia. Algumas mulheres não têm conhecimento desse requisito, ou não têm acesso à referida instituição da maneira justa e necessária para obter as provas exigidas. Esses institutos tendem a estar localizados em áreas urbanas e, quando existem, com frequência não dispõem de pessoal suficiente. Além disso, inclusive quando as mulheres tomam as medidas necessárias para denunciar a prática de delitos violentos, não há garantia de que estes serão investigados e processados.

Apesar de o Tribunal Supremo do Brasil ter revogado em 1991 a arcaica "defesa da honra" como justificação para o assassinato da esposa, muitos tribunais continuam a ser relutantes em processar e punir os autores da violência doméstica. Em algumas áreas do país, o uso da "defesa da honra" persiste e, em algumas áreas, a conduta da vítima continua a ser um ponto central no processo judicial de um delito sexual. Em vez de se centrarem na existência dos elementos jurídicos do delito, as práticas de alguns advogados defensores – toleradas por alguns tribunais – têm o efeito de requerer que a mulher demonstre a santidade de sua reputação e sua inculpabilidade moral a fim de poder utilizar os meios judiciais legais à sua disposição. As iniciativas tomadas tanto pelo setor público como pelo setor privado para fazer frente à violência contra a mulher começaram a combater o silêncio que tradicionalmente a tem ocultado, mas ainda têm de superar as barreiras sociais, jurídicas e de outra natureza que contribuem para a impunidade em que amiúde enlanguescem.

Nesse relatório também se faz referência a diferentes estudos que comprovam que, nos casos registrados em estatísticas, estas mostram que somente parte dos delitos denunciados nas delegacias de polícia especializadas são atualmente investigados. (União de Mulheres de São Paulo, A violência contra a mulher e a impunidade: Uma questão política (1995). Em 1994, de 86.815 queixas apresentadas por mulheres agredidas domesticamente, somente foram iniciadas 24.103 investigações policiais, segundo o referido relatório.

Outros relatórios indicam que 70% das denúncias criminais referentes a violência doméstica contra mulheres são suspensas sem que cheguem a uma conclusão. Somente 2% das denúncias criminais de violência doméstica contra mulheres chegam à condenação do agressor. (Relatório da Universidade Católica de São Paulo, 1998).

Nessa análise do padrão de resposta do Estado a esse tipo de violação, a Comissão também nota medidas positivas efetivamente tomadas nos campos legislativo, judiciário e administrativo. A Comissão salienta três iniciativas diretamente relacionadas com os tipos de situação exemplificados por este caso: 1) a criação de delegacias policiais especiais para o atendimento de denúncias de ataques a mulheres: 2) a criação de casas de refúgio para mulheres agredidas; e 3) a decisão da Corte Suprema de Justiça em 1991 que invalidou o conceito arcaico de "defesa da honra" como causal de justificação de crimes contra as esposas. Essas iniciativas positivas, e outras similares, foram implementadas de maneira reduzida em relação à importância e urgência do problema, conforme se observou anteriormente. No caso emblemático em estudo, não tiveram efeito algum.

C. Artigo 7 da Convenção de Belém do Pará

Em 27 de novembro de 1995, o Brasil depositou seu instrumento de ratificação da Convenção de Belém do Pará, o instrumento interamericano mediante o qual os Estados americanos reconhecem a importância do problema, estabelecem normas a serem cumpridas e compromissos a serem assumidos para enfrentá-lo e instituem a possibilidade para qualquer pessoa ou organização de apresentar petições ou instaurar ações sobre o assunto perante a Comissão Interamericana de Direitos Humanos pelos procedimentos desta. Os peticionários solicitam que seja declarada a violação, por parte do Estado, dos artigos 3, 4, 5 e 7 da Convenção Interamericana para Prevenir, Punir e Erradicar a Violência contra a Mulher e alegam que este caso deve ser analisado à luz da discriminação de gênero por parte dos órgãos do Estado brasileiro, que reforça o padrão sistemático de violência contra a mulher e a impunidade no Brasil.

Como se observou anteriormente, a Comissão tem competência ratione materiae e ratione temporis para conhecer deste caso segundo o disposto na Convenção de Belém do Pará com respeito a fatos posteriores à sua ratificação pelo Brasil, ou seja, a alegada violação continuada do direito à tutela judicial efetiva e, por conseguinte, pela intolerância que implicaria com respeito à violência contra a mulher.

A Convenção de Belém do Pará é um instrumento essencial que reflete os ingentes esforços envidados no sentido de encontrar medidas concretas de proteção do direito da mulher a uma vida livre de agressões e violência, tanto dentro como fora de seu lar e núcleo familiar. A CVM define assim a violência contra a mulher:

Artigo 2

Entende-se que a violência contra a mulher abrange a

violência física, sexual e psicológica:

a) ocorrida no âmbito da família ou unidade doméstica ou em qualquer relação interpessoal, quer o agressor compartilhe, tenha compartilhado ou não a sua residência, incluindo-se, entre outras formas, o estupro, maus-tratos e abuso sexual;
b) ocorrida na comunidade e cometida por qualquer pessoa, incluindo, entre outras formas, o estupro, abuso sexual, tortura, tráfico de mulheres, prostituição forçada, sequestro e assédio sexual no local de trabalho, bem como em instituições educacionais, serviços de saúde ou qualquer outro local; e
c) perpetrada ou tolerada pelo Estado ou seus agentes, onde quer que ocorra.

O âmbito de aplicação da CVM refere-se pois a situações definidas por duas condições: primeiro, que tenha havido violência contra a mulher conforme se descreve nas alíneas a e b; e segundo, que essa violência seja perpetrada ou tolerada pelo Estado. A CVM protege, entre outros, os seguintes direitos da mulher violados pela existência dessa violência: o direito a uma vida livre de violência (artigo 3), a que seja respeitada sua vida, sua integridade física, psíquica e moral e sua segurança pessoal, sua dignidade pessoal e igual proteção perante a lei e da lei; e a recurso simples e rápido perante os tribunais competentes, que a ampare contra atos que violem seus direitos (artigo 4,a,b,c,d,e,f,g e os consequentes deveres do Estado estabelecidos no artigo 7 desse instrumento. O artigo 7 da Convenção Interamericana para Prevenir, Punir e Erradicar a Violência contra a Mulher diz o seguinte:

DEVERES DOS ESTADOS

Artigo 7

Os Estados Partes condenam todas as formas de violência
contra a mulher e convêm em adotar, por todos os meios
apropriados e sem demora, políticas destinadas a prevenir,
punir e erradicar tal violência e a empenhar-se em:
a) abster-se de qualquer ato ou prática de violência contra a
mulher e velar por que as autoridades, seus funcionários e
pessoal, bem como agentes e instituições públicos ajam de
conformidade com essa obrigação;
b) agir com o devido zelo para prevenir, investigar e punir a
violência contra a mulher;
c) incorporar na sua legislação interna normas penais, civis,
administrativas e de outra natureza, que sejam necessárias
para prevenir, punir e erradicar a violência contra a mulher,
bem como adotar as medidas administrativas adequadas que
forem aplicáveis;
d) adotar medidas jurídicas que exijam do agressor que se
abstenha de perseguir, intimidar e ameaçar a mulher ou de
fazer uso de qualquer método que danifique ou ponha em
perigo sua vida ou integridade ou danifique sua propriedade;
e) tomar todas as medidas adequadas, inclusive legislativas,
para modificar ou abolir leis e regulamentos vigentes ou
modificar práticas jurídicas ou consuetudinárias que
respaldem a persistência e a tolerância da violência contra a
mulher;
f) estabelecer procedimentos jurídicos justos e eficazes para
a mulher sujeitada a violência, inclusive, entre outros,

medidas de proteção, juízo oportuno e efetivo acesso a tais processos;

g) estabelecer mecanismos judiciais e administrativos necessários para assegurar que a mulher sujeitada a violência tenha efetivo acesso a restituição, reparação do dano e outros meios de compensação justos e eficazes;

h) adotar as medidas legislativas ou de outra natureza necessárias à vigência desta Convenção.

A impunidade que gozou e ainda goza o agressor e ex esposo da Senhora Fernandes é contrária à obrigação internacional voluntariamente assumida por parte do Estado de ratificar a Convenção de Belém do Pará. A falta de julgamento e condenação do responsável nessas circunstâncias constitui um ato de tolerância, por parte do Estado, da violência que Maria da Penha sofreu, e essa omissão dos tribunais de justiça brasileiros agrava as consequências diretas das agressões sofridas pela Senhora Maria da Penha Maia Fernandes. Além disso, como foi demonstrado anteriormente, essa tolerância por parte dos órgãos do Estado não é exclusiva deste caso, mas uma pauta sistemática. Trata-se de uma tolerância de todo o sistema, que não faz senão perpetuar as raízes e fatores psicológicos, sociais e históricos que mantêm e alimentam a violência contra a mulher.

Dado que essa violação contra Maria da Penha é parte de um padrão geral de negligência e falta de efetividade do Estado para processar e condenar os agressores, a Comissão considera que não só é violada a obrigação de processar e condenar, como também a de prevenir essas práticas degradantes. Essa falta de efetividade judicial geral e discriminatória cria o ambiente propício à violência doméstica, não havendo evidência socialmente percebida da vontade e efetividade do Estado como representante da sociedade, para punir esses atos.

Em relação às alíneas c e h do artigo 7, a Comissão deve considerar as medidas tomadas pelo Estado para eliminar a tolerância da violência doméstica. A Comissão chamou a atenção positivamente para várias medidas tomadas pela atual administração com esse objetivo, particularmente para a criação de delegacias especiais de polícia e de refúgios para mulheres agredidas, entre outras.

Entretanto, neste caso emblemático de tantos outros, a ineficácia judicial, a impunidade e a impossibilidade de a vítima obter uma reparação mostra a falta de cumprimento do compromisso de reagir adequadamente ante a violência doméstica. O artigo 7 da Convenção de Belém do Pará parece ser uma lista dos compromissos que o Estado brasileiro ainda não cumpriu quanto a esses tipos de caso.

Ante o exposto, a Comissão considera que se verificam neste caso as condições de violência doméstica e de tolerância por parte do Estado definidas na Convenção de Belém do Pará e que o Estado é responsável pelo não-cumprimento de seus deveres estabelecidos nas alíneas b, d, e, f e g do artigo 7 dessa Convenção, em relação aos direitos por ela protegidos, entre os quais o direito a uma vida livre de violência (artigo 3), a que seja respeitada sua vida, sua integridade física, psíquica e moral e sua segurança pessoal, sua dignidade pessoal, igual proteção perante a lei e da lei; e a recurso simples e rápido perante os tribunais competentes, que a ampare contra atos que violem seus direitos (artigo 4,a,b,c,d,e,f,g).

VI. AÇÕES POSTERIORES AO RELATÓRIO 105/00

A Comissão aprovou o Informe 105/00 no dia 19 de outubro de 2000 durante o 108º período de sessões. O referido Relatório foi transmitido ao Estado Brasileiro em 1º de novembro de 2000, concedendo-lhe o prazo de dois meses para dar cumprimento às recomendações formuladas e informou os peticionários sobre a aprovação de um relatório nos termos do artigo 50 da Convenção. O prazo concedido transcorreu sem que a Comissão recebesse a resposta do Estado sobre essas recomendações, motivo pelo qual a Comissão considera que as mencionadas recomendações não foram cumpridas.

VII. CONCLUSÕES

60. A Comissão Interamericana de Direitos Humanos reitera ao Estado Brasileiro as seguintes conclusões:
1. Que tem competência para conhecer deste caso e que a petição é admissível em conformidade com os artigos 46.2,c e 47 da Convenção Americana e com o artigo 12 da Convenção de Belém do Pará, com respeito a violações dos direitos e deveres estabelecidos nos artigos 1(1) (Obrigação de respeitar os direitos, 8 (Garantias judiciais), 24 (Igualdade perante a lei) e 25 (Proteção judicial) da Convenção Americana em relação aos artigos II e XVIII da Declaração Americana, bem como no artigo 7 da Convenção de Belém

do Pará.

2. Que, com fundamento nos fatos não controvertidos e na análise acima exposta, a República Federativa do Brasil é responsável da violação dos direitos às garantias judiciais e à proteção judicial, assegurados pelos artigos 8 e 25 da Convenção Americana em concordância com a obrigação geral de respeitar e garantir os direitos, prevista no artigo 1(1) do referido instrumento pela dilação injustificada e tramitação negligente deste caso de violência doméstica no Brasil.

3. Que o Estado tomou algumas medidas destinadas a reduzir o alcance da violência doméstica e a tolerância estatal da mesma, embora essas medidas ainda não tenham conseguido reduzir consideravelmente o padrão de tolerância estatal, particularmente em virtude da falta de efetividade da ação policial e judicial no Brasil, com respeito à violência contra a mulher.

4. Que o Estado violou os direitos e o cumprimento de seus deveres segundo o artigo 7 da Convenção de Belém do Pará em prejuízo da Senhora Fernandes, bem como em conexão com os artigos 8 e 25 da Convenção Americana e sua relação com o artigo 1(1) da Convenção, por seus próprios atos omissivos e tolerantes da violação infligida.

VIII. RECOMENDAÇÕES

A Comissão Interamericana de Direitos Humanos reitera ao Estado Brasileiro as seguintes recomendações:

1. Completar rápida e efetivamente o processamento penal do responsável da agressão e tentativa de homicídio em prejuízo da Senhora Maria da Penha Fernandes Maia.

2. Proceder a uma investigação séria, imparcial e exaustiva a fim de determinar a responsabilidade pelas irregularidades e atrasos injustificados que impediram o processamento rápido e efetivo do responsável, bem como tomar as medidas administrativas, legislativas e judiciárias correspondentes.

3. Adotar, sem prejuízo das ações que possam ser instauradas contra o responsável civil da agressão, as medidas necessárias para que o Estado assegure à vítima adequada reparação simbólica e material pelas violações aqui estabelecidas, particularmente por sua falha em oferecer um recurso rápido e efetivo; por manter o caso na impunidade por mais de quinze anos; e por impedir com esse atraso a possibilidade oportuna de ação de reparação e indenização civil.

4. Prosseguir e intensificar o processo de reforma que evite a tolerância estatal e o tratamento discriminatório com respeito à violência doméstica contra mulheres no Brasil. A Comissão recomenda particularmente o seguinte:

a) Medidas de capacitação e sensibilização dos funcionários judiciais e policiais especializados para que compreendam a importância de não tolerar a violência doméstica;

b) Simplificar os procedimentos judiciais penais a fim de que possa ser reduzido o tempo processual, sem afetar os direitos e garantias de devido processo;

c) O estabelecimento de formas alternativas às judiciais, rápidas e efetivas de solução de conflitos intrafamiliares, bem como de sensibilização com respeito à sua gravidade e às consequências penais que gera;

d) Multiplicar o número de delegacias policiais especiais para a defesa dos direitos da mulher e dotá-las dos recursos especiais necessários à efetiva tramitação e investigação de

todas as denúncias de violência doméstica, bem como
prestar apoio ao Ministério Público na preparação de seus
informes judiciais.

e) Incluir em seus planos pedagógicos unidades curriculares
destinadas à compreensão da importância do respeito à
mulher e a seus direitos reconhecidos na Convenção de
Belém do Pará, bem como ao manejo dos conflitos
intrafamiliares.

5. Apresentar à Comissão Interamericana de Direitos
Humanos, dentro do prazo de 60 dias a partir da transmissão
deste relatório ao Estado, um relatório sobre o cumprimento
destas recomendações para os efeitos previstos no artigo
51(1) da Convenção Americana.

IX. PUBLICAÇÃO

Em 13 de março de 2001, a Comissão decidiu enviar este
relatório ao Estado brasileiro, de acordo com o artigo 51 da
Convenção, e lhe foi concedido o prazo de um mês, a partir
do envio, para o cumprimento das recomendações acima
indicadas. Expirado esse prazo, a Comissão não recebeu
resposta do Estado brasileiro.

Em virtude das considerações anteriores e, de conformidade
com os artigos 51(3) da Convenção Americana e 48 de seu
Regulamento, a Comissão decidiu reiterar as conclusões e
recomendações dos parágrafos 1 e 2, tornar público este
relatório e incluí-lo em seu Relatório Anual à Assembleia
Geral da OEA. A Comissão, em cumprimento de seu
mandato, continuará a avaliar as medidas tomadas pelo
Estado brasileiro com relação às recomendações

mencionadas, até que tenham sido cabalmente cumpridas.

(Assinado): Presidente; Claudio Grossman, Primer Vice-presidente; Juan Méndez, Segungo- Vicepresidente; Marta Altolaguirre, Comissionados: Robert K. Goldman, Julio Prado Vallejo e Peter Laurie.

* O membro da Comissão Hélio Bicudo, de nacionalidade brasileira, não participou do debate nem da votação deste caso em cumprimento ao artigo 19(2)(a) do Regulamento da Comissão.

Segundo a denúncia e os anexos apresentados pelos peticionários, o Senhor Viveiros disparou uma arma de fogo contra sua esposa enquanto ela dormia. Ante o temor, e para evitar um segundo disparo, a Senhora Fernandes ficou estirada na cama simulando estar morta; entretanto, ao chegar ao hospital se encontrava em estado de choque e tetraplégica em consequência de lesões destrutivas na terceira e quarta vértebras, entre outras lesões que se manifestaram posteriormente. Documento dos peticionários, de 13 de agosto de 1996, recebido na Secretaria da CIDH em 20 de agosto do mesmo ano, página 2; e FERNANDES (Maria da Penha Maia), Sobrevivi, posso contar, Fortaleza, 1994, páginas (29-30) (Anexo 1 da denúncia).

Segundo declarações da vítima, no segundo fim de semana após seu regresso de Brasília, o Senhor Viveiros lhe perguntou se desejava tomar banho e, quando ela se achava em baixo do chuveiro, sentiu um choque elétrico com a corrente de água. A Senhora Fernandes se desesperou e procurou sair do chuveiro, enquanto seu esposo lhe dizia que um pequeno choque elétrico não podia matá-la. Manifesta que nesse momento entendeu por que, desde seu regresso, o Senhor Viveiros somente utilizava o banheiro de suas filhas para banhar-se. Documento dos peticionários, de 13 de agosto de 1998, página 5 e anexo 2 do mesmo documento. Declara a denúncia que várias provas recolhidas demonstravam que o ex-marido de Maria da Penha tinha a intenção de matá-la e fazer crer num assalto à sua residência. Acrescentam cópia do laudo da Polícia Técnica e das declarações testemunhais das empregadas domésticas, que descrevem com riqueza de detalhes indícios da culpabilidade do Senhor Heredia Viveiros. Entre os elementos que descrevem está a negativa do acusado quanto a que tivesse uma espingarda, arma de fogo que logo se comprovou possuir, e com respeito a seus constantes ataques físicos à esposa, bem como estão graves contradições em sua narrativa do que sucedeu.

O próprio Júri se manifestou sobre o alto grau de culpabilidade do réu, bem como sobre sua personalidade perigosa, que se revelaram na perpetração do crime e em suas graves consequências, ao proferir a condenação de 15 anos de prisão no primeiro julgamento. FERNANDES (Maria da Penha Maia), Sobreviver, ,posso contar, Fortaleza, 1994, página 74.

CIDH, Relatório sobre a situação dos direitos humanos no Brasil, 1997. Capítulo VIII.

Os peticionários indicam que essa situação foi inclusive reconhecida pelas Nações Unidas e apresentam notas de jornal como anexos à sua denúncia. Observam que 70% dos incidentes de violência contra mulheres ocorrem em seus lares (Human Rights Watch. Report on Brazil, 1991, página 351); e que uma delegada de polícia do Rio de Janeiro declarou que dos mais de 2000 casos de estupro e ferimento com golpe registrados em sua Delegacia, não conhecia nenhum que tivesse chagado a punir o acusado (Relatório HRW, página 367).

Neste sentido, a Comissão tem jurisprudência firme, ver CIDH, Caso 11.516, Ovelario Tames, Relatório Anual 1998, (Brasil) par.26 e 27 , Caso 11.405 Newton Coutinho Mendes y otros, Relatório 1998 (Brasil), Caso 11.598 Alonso Eugenio da Silva, Relatório Anual 1998 (Brasil), par. 19 e 20, Caso 11.287 Joao Canuto de Oliveira, Relatório Anual 1997 (Brasil).

A Corte Interamericana de Direitos Humanos se pronunciou em diversas ocasiões sobre o conceito de violação contínua, especialmente aplicado ao tema dos desaparecimentos forçados:

O desaparecimento forçado implica a violação de vários direitos reconhecidos nos tratados interamericanos de direitos humanos, entre elas a Convenção Americana, e os efeitos dessas infrações, inclusive algumas, como neste caso, que tenham sido consumadas, podem prolongar-se de maneira contínua ou permanente até o momento em que se estabeleça o destino da vítima.

Em virtude do exposto, como o destino ou paradeiro do Senhor Blake não era conhecido pelos familiares da vítima até o dia 14 de junho de 1992, ou seja, posteriormente à data em que a Guatemala se submeteu à jurisdição contenciosa deste Tribunal, a exceção preliminar que o Governo fez fazer deve ser considerada infundada quanto aos efeitos e condutas posteriores à referida sujeição. Por esse motivo, a Corte tem competência para conhecer das possíveis violações que a Comissão imputa ao próprio Governo quanto a tais efeitos e condutas.

Corte IDH, Caso Blake, Sentença de Exceções Preliminares, de 2 de julho de 1996, parágrafos 39 y 40. Nesse mesmo sentido, ver: Corte IDH, Caso Velásquez Rodríguez, Sentença de 29 de julho de 1988, parágrafo 155; e Caso Godínez Cruz, Sentença de 20 de janeiro de 1989, parágrafo 163. Também aceitou, no caso Genie Lacayo (parágrafos 21 e 24 Exce.. Pulio) conhecer da violação dos artigos 2, 8, 24 e 25, que formavam parte de uma denegação de justiça que começava antes da aceitação não-retroativa da competência da Corte, mas continuava depois dela.

Ademais, a noção de situação continuada conta igualmente com reconhecimento judicial por parte da Corte Europeia de Direitos Humanos, em decisões sobre casos relativos a detenção que remontam à década de 60., e por parte da Comissão de Direitos Humanos , cuja prática de acordo com o Pacto de Direito Civis e Políticos das Nações Unidas e seu primeiro Protocolo Facultativo, a partir do início da década de 80, contém exemplos do exame de situações continuadas que geravam fatos que ocorriam ou persistiam depois da data de entrada em vigor do Pacto e do Protocolo com respeito ao Estado em apreço, e que constituíam per se violações de direitos consagrados no Pacto.

Corte IDH. Caso Godinez Cruz. Exceções preliminares. Sentença de 26 de junho de 1987. Série C No.3, cujos parágrafos 90 e 91 dizem o seguinte: "Dos princípios de direito internacional em geral reconhecidos resulta, em primeiro lugar, que se trata de uma norma a cuja invocação o Estado que tem direito a invocá-la pode renunciar expressa ou tacitamente, o que já foi reconhecido pela Corte em oportunidade anterior (ver Asunto de Viviana Gallardo y otras, decisão de 13 de novembro de 1981, No. G 101/81.

Série A, parágrafo (26). Em segundo lugar, que a exceção de não-esgotamento dos recursos da jurisdição interna, para que seja oportuna, deve ser suscitada nas primeiras etapas do procedimento, podendo-se na falta disso presumir a renúncia tácita do Estado interessado a valer-se da mesma. Em terceiro lugar, que o Estado que alega o não-esgotamento tem a seu cargo a indicação dos recursos internos que devem ser esgotados e de sua efetividade".

Ao aplicar esses princípios a este caso, a Corte observa que o expediente evidencia que o Governo não interpôs a exceção oportunamente, ao tomar a Comissão conhecimento da denúncia a ela apresentada, e que nem sequer a fez valer tardiamente durante todo o tempo em que o assunto foi substanciado pela Comissão.

Como parte desta análise, a Comissão fundamentou seu estudo principalmente nos documentos apresentados pelos peticionários, além de em outros documentos disponíveis tais como: CIDH, Relatório da Comissão Interamericana de Direitos Humanos sobre a condição da mulher nas Américas, de 13 de outubro de 1998, página 91; CIDH, Relatório sobre a situação dos Direitos Humanos no Brasil, de 29 de setembro de 1997, página 164; Nações Unidas, Development Programme, Human Development Report 2000. Oxford University Press, página 290; bem como em diversa jurisprudência do Sistema Inteamericano e internacional.

Quase a metade desse tempo, desde 25 de setembro de 1992, sob a vigência para o Brasil da Convenção Americana e, igualmente, desde 27 de novembro de 1995, da Convenção de Belém do Pará.

CORTE IDH, Caso Genie Lacayo, Sentença de 29 de janeiro de 1997, parágrafo 77.

Nesse sentido, a Comissão considera importante lembrar que a Corte Interamericana manifestou que:

Cabe ao Estado controlar os meios para aclarar fatos ocorridos em seu território. A Comissão, embora tenha faculdades para fazer investigações, depende na prática, para poder efetuá-las dentro da jurisdição do Estado, da cooperação e dos meios que o Governo lhe proporcione.

Corte IDH, Caso Velásquez Rodríguez, Sentença de 29 de julho de 1988, parágrafo 136.

Os peticionários alegam que o fundamento deste recurso de apelação não procedia, segundo o artigo 479 do Código Processual Penal do Brasil; a Comissão considera esse aspecto de acordo com as faculdades que lhe confere o artigo XVIII da Declaração Americana.

Corte IDH, Caso Velásquez Rodríguez, Sentença de 29 de julho de 1988, parágrafo 173.

Corte IDH, Caso Velásquez Rodríguez, Sentença de 29 de julho de 1988, parágrafo 176; e Corte IDH, Caso Godínez Cruz, Sentença de 20 de janeiro de 1989, parágrafo 187.

Corte IDH, Caso Godínez Cruz, Sentença de 20 de janeiro de 1989, parágrafo 175.

Maia Fernandez, Maria da Penha, "Sobrevivi, posso contar". Fortaleza, 1994, página150; datos baseados em informação das Delegacias Policiais.

Em consequência da ação concertada do setor governamental e do CNDM (Conselho Nacional dos Direitos da Mulher), a Constituição brasileira de 1988 reflete importante avanço a favor dos direitos da mulher. No Programa Nacional sobre Direitos Humanos, as iniciativas propostas pelo Governo, que pretendem melhorar os direitos da mulher, incluem inter alia apoio ao Conselho Nacional dos

Direitos da Mulher e ao Programa Nacional para Prevenir a Violência contra a Mulher; apoio para prevenir a violência sexual e doméstica contra a mulher, prestar assistência integrada às mulheres em risco e educar o público sobre a discriminação e a violência contra a mulher e as garantias disponíveis; revogação de certas disposições discriminatórias do Código Penal e do Código Civil sobre o pátrio poder; promoção do desenvolvimento de enfoques orientados para a condição de homem ou mulher na capacitação dos agentes do Estado e no estabelecimento de diretrizes para os planos de estudo da educação de nível básico e médio; e promoção de estudos estatísticos sobre a situação da mulher no âmbito trabalhista. O Programa também encarrega o Governo de implementar as decisões consagradas na Convenção Interamericana para Prevenir, Punir e Erradicar a Violência contra a Mulher.

Ver o capítulo relativo aos direitos da mulher brasileira no Relatório Especial da CIDH sobre a Situação dos Direitos Humanos no Brasil, 1997.

O ministro do Supremo Tribunal Federal (STF) Marco Aurélio Mello determinou o retorno à ativa do juiz Edilson Rumbelsperger Rodrigues, da comarca de Sete Lagoas (MG). Em novembro do ano passado, ele foi suspenso por pelo menos dois anos, acusado de usar linguagem discriminatória e preconceituosa em sentenças nas quais considerou inconstitucional a Lei Maria da Penha. O magistrado também rejeitou pedidos de medidas contra homens que agrediram e ameaçaram suas companheiras. A decisão do ministro do STF é liminar e pode ser contestada no plenário. Marco Aurélio Mello considerou o afastamento "inadequado" e afirmou que as afirmações do magistrado foram feitas de forma "abstrata", sem se referir a uma pessoa em particular. Para ele, as sentenças do juiz são resultado de sua "concepção individual".

"É possível que não se concorde com premissas da decisão proferida, com enfoques na seara das ideias, mas isso não se resolve afastando o magistrado dos predicados próprios à atuação como ocorre com a disponibilidade", afirmou Marco Aurélio.

Em 2007, Rodrigues atacou a lei em algumas sentenças, classificando-a como um "conjunto de regras diabólicas". Ainda segundo o juiz, a "desgraça humana" teria começado por causa da mulher.

"A vingar esse conjunto de regras diabólicas, a família estará em perigo (..) Ora, a desgraça humana começou no Éden: por causa da mulher. Todos nós sabemos, mas também em virtude da ingenuidade, da tolice e da fragilidade emocional do homem", segundo trechos de decisões do juiz.

Rodrigues responde a processo administrativo no CNJ desde setembro de 2009. Na época, ele negou que tenha havido "excesso de linguagem" e se defendeu da acusação de preconceito.

"Eu não ofendi a parte e nem a quem quer que seja. Eu me insurgi contra uma lei em tese, e mesmo assim, parte dela. Combato um feminismo exagerado, que negligencia a função paterna, que quer igualdade sim, mas fazendo questão de serem mantidas intactas todas as benesses da feminilidade", afirmou o juiz.

"Entre o excesso de linguagem e a postura que vise inibi-lo, há de ficar-se com o primeiro, pois existem meios adequados à correção, inclusive, se necessário", afirmou o ministro do STF em sua decisão. As informações são do G1.

Conclusões:

A Senhora Maria da Penha

Um dia, estava ela deitada em seu leito quando foi subitamente acordada pelo seu marido com um forte estampido.

Naquele dia o Senhor marido, Marcos Heredia, acordou, deu comida aos pássaros, lavou o carro, ligou o rádio, manejou o videogame, e como estava entediado, pegou a espingarda e teve a ideia de fazer uns pequenos orifícios nas costas de Maria da Penha.

Por causa desta brincadeira de mau gosto, sem nenhuma motivação, porque ela era uma boa senhora e excelente mãe e esposa, o Seu Marcos foi condenado pelo júri popular e foi sentenciado a quinze anos de reclusão.

Insatisfeita pela demora do julgamento, a Senhora Maria da Penha recorreu ao tribunal da OEA para denunciar a morosidade da justiça em seu caso, já que demorou apenas 10 anos, o julgamento, uma coisa muito rara no Brasil, cuja Justiça é conhecida pela sua celeridade.

Como o devido processo legal instaurado contra o acusado lhes permitiu ser ouvido pelos membros do tribunal do júri a pena de quinze anos foi atenuada para apenas dez anos, a contragosto de Maria da Penha.

Insatisfeita com o desfecho, as feministas e os defensores dos direitos humanos das mulheres, vítimas da violência característica masculina, conseguiram a promulgação de uma Lei que faz o divórcio de fato, em um ritual bastante simples, sumário, unilateral, sem o contraditório, sem a legítma presunção da inocência do acusado, sem o devido processo legal, permitindo que o acusado vá imediatamente para a cadeia e nunca mais possa retornar ao seu lar, ficando despossuído de todos os seus pertences e objetos pessoais, profissionais, sentimentais, e de valor.

Está assim concretizada a vingança das mulheres contra os homens violentos, já que a justiça é sempre insuficiente, mesmo vendo seu ex-marido condenado pelo devido processo legal, Maria da Penha agora, heroína, vai ser elevada ao símbolo máximo da defesa da justiça.

Agora, sem ironia.

Não se cura a síndrome do coração-partido de um homem com o seu confinamento penal. Isto apenas aguça o seu espírito de vingança, e acende a sensação de injustiça, quiçá, desperta um sentimento de desproporcionalidade do castigo aplicado, já que as consequências da Lei Maria da Penha determinam um divórcio de fato que viola as convenções e preconvenções nupciais, caça todos os direitos formais do acusado, e age de modo extremamente viral, vingativo, excludente, irreversível, sumário e precipitado.

Problemas emocionais devem cair no âmbito dos psicólogos

e terapeutas de família, não nas mãos de um delegado de polícia, de um oficial de justiça, ou de policiais do GATE, BOPE, GARRA, do agente da polícia Civil ou Militar que não foram treinados para compreenderem as doenças do coração atarantado de um amor ferido. O resultado destes equívocos é que tem diminuído de forma insignificante os crimes contra as mulheres, e o tempo irá revogar este grande equívoco, juntamente com o malfadado Estatuto da Criança e do Adolescente, duas jaboticabas tupiniquins inseridas no nosso emaranhado código de conduta legal brasileirinho.

Já que carecem os argumentos de tipo formal-legal, lógico, constitucional, então somente as estatísticas irão demonstrar o absurdo desta Lei de exceção, o verdadeiro AI-5 do código de processo penal em época pós-ditadura no Brasil. Uma excrescência jurídica, resultado da condenação do judiciário pela OEA, que condenou o processo legal no Brasil, e não o senhor Heredia.

A pedagogia da punição

No Brasil está se implantando a corrente da AntiPedagogia: a Pedagogia da punição.

Quantos casais iniciam o seu relacionamento e é bruscamente interrompido porque se descobre o passado de um dos parceiros que estava escondido e silenciosamente esperando para destruir o presente?

Poucas pessoas sabem ou pensam sobre a inelutabilidade dos atos humanos, todos os atos e omissões humanas são irreversívies, não podem ser desfeitos, não podem ser feitos depois do momento que deixaram de ser feitos, porque o tempo não anda para trás.

Ninguém tem poder de voltar ao passado e refazer os atos ou se arrepender ou se abster dos atos praticados e que não deveriam ser praticados que deixamos de fazer, as oportunidades perdidas não podem ser refeitas.

O arrependimento, o perdão e o castigo ou qualquer forma de punição não podem compensar os atos ou as omissões porque não podem voltar o tempo e corrigir os erros e omissões, e o que é muito pior, nenhum perdão ou nenhum castigo pode restaurar ou devolver o dano feito ou a omissão.

A inexorabilidade dos fatos é um verdadeiro delírio na letra das leis e dos costumes e regras éticas e sociais porque os fatos não podem ser revertidos nem existe qualquer compensação possível para qualquer ato praticado no passado, nenhum dinheiro no mundo pode mudar o passado, nenhuma punição pode mudar o que aconteceu, portanto todo perdão e todo castigo é completamente inútil na prática.

 Como conviver com toda a nossa concepção de castigo e culpa porque são totalmente inúteis?

Nenhuma castigo pode compensar nenhuma falta praticada, nenhuma pena pode devolver uma vida destruída com um homicídio, nenhuma compensação pode devolver os dias e as semanas e os meses e os anos que se deixou de receber dinheiro nenhum juro pode compensar o que deixou de ser consumido em remédios, em comida, em lazer, em tempo porque o tempo passou e não pode ser reposto, o segredo é o tempo, o tempo é progressivo e não pode ser reposto, o tempo não tem valor nem preço, o tempo é absoluto e não pode ser medido nem compensado.

O que as pessoas se debruçam sobre o passado do seu parceiro não entendem que o passado não pode ser apagado do celular, do álbum de fotos, da memória do ex parceiro, mesmo que as palavras sejam proibidas de serem pronunciadas o ex estará lá gravado no fundo da memória sem poder ser pronunciado preso na consciência, até os momentos mais lindos vividos e jamais pronunciados pela intransigência do outro ou pelo ciúme, indelével permanece na mente para muito tempo, e somente a estupidez admite que o passado está em fotos, mensagens, roupas, objetos do presente que vieram do passado e que tem uma história eterna, para sempre, e é inútil tentar apagar o passado.

As versões novas recriadas do passado não superam os fatos havidos na realidade na consciência porque o mentiroso sabe da verdade e por um descuido do destino a verdade pode ressurgir e destruir todo o castelo de farsa, falsidade e de mentira construído para substituir a realidade que sempre estará ali esperando para ser descoberta.

A mentira mesmo ocultada não pode modificar o passado, nem o perdão mais verdadeiro pode mudar o que passou, nem o castigo mais cruel pode compensar o dano e a dor causada. Deixe o passado em paz, descansando em sua própria torpeza e irreversibilidade porque o passado é definitivo.

É uma corrente nova-velha que preconiza a correção punitiva pavloviana. Em lugar de ensinar, de apoiar as instituições que instruem e que fornecem um treinamento social aos indivíduos, ela acredita que punir seja mais eficaz do que educar e compartilhar valores sociais em lugar do reforço às instituições sociais partilhadas e compartilhadas pela sociedade.

Assim, pretendem substituir a família, a igreja, as normas morais, e os costumes tradicionais por regras legais que adotam punições draconianas tão severas quanto sejam as ofensas praticadas contra minorias sociais. As minorias seriam os alvos a serem contemplados pela expectativa de proteção oferecida pela nova pedagogia da dor.

Assim, pune-se o agressor homofóbico, o agressor machista, o agressor jornalista, o agressor pedófilo, o agressor motorista, o agressor antissocial de todo o gênero. Sumariamente.

Escolheu-se a punição em lugar do reforço social para enquadrar os comportamentos antissociais por que nas mentes autoritárias existe apenas alternativa da imposição de sua vontade e comportamento padronizado como única alternativa para enquadrar o diferente, o divergente e o excludente nas expectativas de uma sociedade monolítica, indiferenciada, do pensamento único hegemônico padronizado.

Todo e qualquer desvio de comportamento é percebido como uma grave ameaça social, como uma doença crônica e execrável, intolerável, inaceitável, por isso deve ser eliminado sem dar chance para recuperação, tratamento, reeducação. Apenas a punição é suficiente para estes casos.

As expectativas dessa corrente é a de um mundo sem mudanças sociais, sem conflitos, sem diferenças, sem tolerância. São autoritários e autossuficientes em sua sabedoria absoluta, não conseguem relativizar nem compartilhar valores sociais em sua clausura mental e intelectual. Acreditam-se portadores da verdade única. Nem se quer cogitam de alternativas de soluções para a sociedade.

Estes arautos da verdade espalham o seu evangelho da ideia utópica perfeita de uma sociedade perfeita sem nenhuma dúvida de que estão fazendo o melhor, por isso acreditam que as pessoas que discordam deles apenas ignoram a verdade, e não sabem o que é melhor para elas, por isso precisam tutelar toda a sociedade ignorante e mal informada, manipulada e alienada.

Não sabemos como descobriram estas verdades em que acreditam, mas sabemos que não têm autocensura, altercensura, nem autocrítica ou altercrítica. Tal a certeza de suas convicções, irrefutáveis, tão certas que não buscam justificá-las, pois são verdades autoevidentes, tão claras e tão caras para estes arautos do novo –mundo-perfeito.

Acreditam que se eles não existissem o mundo já estaria afundado no caos mais completo. A sua missão de redenção do mundo justifica-se de qualquer falha, ou ato não ortodoxo, até mesmo atos extralegais e antiéticos, claro, dentro de suas éticas restritas e fechadas.

Em sua trajetória revolucionária, revisionista e renovadora da sociedade precisam agir rápido e sem a cautela de outros momentos, pois são os profetas e guias da humanidade, por que as pessoas que ainda não compreenderam a sua nobre missão um dia o farão, no futuro, justificadas pela legitimação dos resultados benéficos, certamente, que advirão para todos os cidadãos e para a sociedade, que, assim agradecida, seria recompensada pelo sacrifício presente e pelas incompreensões do presente momento de falsa abstinência da razão.

Estamos nos tempos de uma velha religião chamada pensamento-único onde é proibida a divergência e a pluralidade. Não existe o multiculturalismo nem a tolerância contra a verdade original. Sãos os apóstolos e profetas do vale-tudo, não querem olhar para o passado e a História. Eles estão querendo reinventar o velho como se fosse o novo. Quem não estuda Filosofia comete e repete os mesmos erros. Por que não existe nada de novo para a Filosofia já faz 2500 anos...

Lei Maria da Penha não reduziu morte de mulheres por violência, diz Ipea Instituto de Pesquisa Econômica Aplicada.

Instituto divulgou dados inéditos sobre violência contra a mulher no país.
Crimes são geralmente praticados por parceiros ou ex-parceiros, diz estudo.

A Lei 11340 de 2006 para combater a violência contra a mulher, não teve impacto no número de mortes por esse tipo de agressão, segundo o estudo "Violência contra a mulher: feminicídios no Brasil", divulgado nesta quarta-feira (24) pelo Instituto de Pesquisa Econômica Aplicada (Ipea).

O Ipea apresentou uma nova estimativa sobre mortes de mulheres em razão de violência doméstica com base em dados do Sistema de Informações sobre Mortalidade (SIM), do Ministério da Saúde.

saiba mais

'Lei Maria da Penha ainda não é o suficiente', diz especialista

Lei Maria da Penha vale mesmo sem queixa da agredida, decide STF

As taxas de mortalidade foram 5,28 por 100 mil mulheres no período 2001 a 2006 (antes da lei) e de 5,22 em 2007 a 2011 (depois da lei), diz o estudo.

Conforme o Ipea, houve apenas um "sutil decréscimo da taxa no ano 2007, imediatamente após a vigência da lei", mas depois a taxa voltou a crescer.

O instituto estima que teriam ocorrido no país 5,82 óbitos para cada 100 mil mulheres entre 2009 e 2011. "Em média ocorrem 5.664 mortes de mulheres por causas violentas a cada ano, 472 a cada mês, 15,52 a cada dia, ou uma a cada hora e meia", diz o estudo.

Taxas de feminicídios por 100 mil mulheres, entre 2009 e 2011

Nordeste	6,9
Centro-Oeste	6,86
Norte	6,42
Sudeste	5,14
Sul	5,08

Fonte: Instituto de Pesquisa Econômica Aplicada (Ipea)

O feminicídio é o homicídio da mulher por um conflito de gênero, ou seja, por ser mulher. Os crimes são geralmente praticados por homens, principalmente parceiros ou ex-parceiros, em situações de abuso familiar, ameaças ou intimidação, violência sexual, "ou situações nas quais a mulher tem menos poder ou menos recursos do que o homem".

Perfil das vítimas

Segundo o estudo do Ipea, mulheres jovens foram as principais vítimas --31% na faixa etária de 20 a 29 anos e 23% de 30 a 39 anos.

Mais da metade dos óbitos (54%) foi de mulheres de 20 a 39 anos, e a maioria (31%) ocorreu em via pública, contra 29% em domicílio e 25% em hospital ou outro estabelecimento de saúde.

A maior parte das vítimas era negra (61%), principalmente nas regiões Nordeste (87% das mortes de mulheres), Norte (83%) e Centro-Oeste (68%). A maioria também tinha baixa escolaridade (48% das com 15 ou mais anos de idade tinham até 8 anos de estudo).

As regiões Nordeste, Centro-Oeste e Norte concentram esse tipo de morte com taxas de, respectivamente, 6,90, 6,86 e 6,42 óbitos por 100 mil mulheres. Nos estados, as maiores taxas estão no Espírito Santo (11,24), Bahia (9,08), Alagoas (8,84), Roraima (8,51) e Pernambuco (7,81). As taxas mais baixas estão no Piauí (2,71), Santa Catarina (3,28) e São Paulo (3,74).

Ao todo, 50% dos feminicídios envolveram o uso de armas de fogo e 34%, de instrumento perfurante, cortante ou contundente. Enforcamento ou sufocação foi registrado em 6% dos óbitos.

Em outros 3% das mortes foram registrados maus-tratos, agressão por meio de força corporal, força física, violência sexual, negligência, abandono e outras síndromes, como abuso sexual, crueldade mental e tortura.

"A magnitude dos feminicídios foi elevada em todas as regiões e estados. (...) Essa situação é preocupante, uma vez que os feminicídios são eventos completamente evitáveis, que abreviam as vidas de muitas mulheres jovens, causando perdas inestimáveis, além de consequências potencialmente adversas para as crianças, para as famílias e para a sociedade", conclui o estudo.

As mulheres são melhores estrategistas que eu conheço.

Fico preocupado com o futuro da humanidade.

A ideologia feminista não e nem precisa de argumentos.

Tá tudo e todos dominado pelo discursinho.

A maior fraude histórica de toda a humanidade depois da invenção do dia D da vitória, qual foi uma data criada pela ONU para ilaquear, iludir, ludibriar a todos de que os vencedores da segunda guerra mundial foram os americanos.

Dia 6/4/1944 o dia D estava a um ano antes da rendição da Alemanha que só aconteceu no dia 1/5/1945 quando os soviéticos estupraram a Werhmacht e fincaram a bandeira em Berlim encerrando a guerra, enquanto as tropas americanas lutavam ainda contra os nazistas a 700 km longe do quartel general de todas as tropas nazistas que se rendiam aos Russos.

Se você ainda acredita em fraude nem vou te contar a fraude da história da opressão machista contra a mulher desde Adão e Eva, segundo conto do vigário.

Mas, daqui a 50 anos teremos que fazer um balanço principalmente naqueles países que adotaram a vagina como símbolo nacional nas suas bandeiras e descartaram todos os machos.

Acredito que a decadência intelectual tecnológica talvez nem seja tão grande em relação aos países não vaginas, porque os machos continuam dando um banho nas fêmeas sapiens em: engenharia, no motocross, na indústria pesada, nos trabalhos no fundo do mar, nas minas, nos garimpos, tudo que é serviço pesado e difícil, na Fórmula Um, Nascar, as olimpíadas continuam separadas nas competições por sexo, no FFC, MMA, mas teremos que comparar a humanidade depois do feminismo como ficou tudo.

Acredito que só não será uma catástrofe completa porque o sistema sabe capturar bem os cérebros afiados dos cientistas que nunca souberam administrar bem a sua inteligência para negócios próprios, são maus empreendedores, ou nem são empreendedores, são vaidosos e arrogantes demais para se arriscarem, geralmente os gênios da física e engenharia morrem pobres como: Einstein, Isaac Newton, Galileu Galilei, Werner Von Brawn, Albert Sabin, então as mulheres no poder poderão tirar proveito das mentes masculinas bem domadas, desde que as feministas não queiram se sabotar colocando incentivos e cotas para as mulheres no setor intelectual matemático. kkk

As mulheres são as melhores estrategistas que conheço, observando um vídeo de transeuntes de rua em Barra da Tijuca no Rio de janeiro, comparando com outro em Leblon ou Lapa, percebi que as mulheres de Barra da Tijuca escondiam a virilha, os seios e a bunda em suas vestes e trajes de noite nos bares e restaurantes, ao contrário de Lapa, ou Leblon, ou Copacabana as mulheres se trajavam como periguetes com bermudas muito justas, top decotado e muita bunda de fora das bermudas.

Conclusões

Isso indica que as mulheres prestam muita atenção uma nas outras e sabem que tipo de armamento utilizar no campo de batalha, certamente esta roupa usada na Lapa não funciona bem na Barra da Tijuca, e o armamento visual que funciona na Barra da Tijuca seria uma fragorosa derrota com suas competidoras na Lapa.

Países vagina como: Noruega, Suécia, Canadá, Dinamarca, Finlândia, França, Holanda, Reino Unido, Austrália, Nova Zelândia, Áustria, Alemanha, exceto Berlim, Japão, Coreia do Sul, Islândia, Lituânia, Letônia. Estônia, irão se confrontar seriamente com países dos machos alfa como: a China, Coreia do Norte, Espanha, Polônia, Rússia, Grécia, Tchéquia e deste embate vai surgir ou ressurgir a mesma demanda que vemos agora com o discurso progressista contra o discurso dos dinossauros que apenas estão se lembrando das duas profissões e atos mais antigos que o velho testamento que são a prostituição e a viadagem homossexual de Davi, Daniel e outros gays enrustidos que nunca saíram do armário, pois que não haveria pena de morte prometida na bíblia para viadagem se não existisse essa prática.

Uma coisa nunca vai mudar com todo o sucesso do feminismo e emancipação e autonomização das mulheres: elas nunca vão abrir mão da pensão alimentícia do macho que ousou estragar sua vagina, sem nenhum pudor ou vergonha de ser sustentada por ele.

Eu concordo discordando, conselhos são úteis porém todas as mulheres são SEMPRE de um dos três tipos, o que não deixa opção para quem quer um relacionamento.

O primeiro tipo é o da mulher princesa narcisista muito linda, ou que se acha irresistível, que coleciona amigos na friend zone para estar sempre controlando o seu público masculino como uma reserva de estoque para usar e descartar em ocasiões convenientes, para isso funcionar precisa ser boa manipuladora e controlar os impulsos e a tentação da intimidade crescente que um longo período de contato acaba gerando automaticamente em intimidade e permissividade amistosa que encurta as distância para intimidade sexual em um momento qualquer de descuido acidentalmente de fraqueza ou de depressão ou carência ocasional.

O segundo tipo é o da mulher passional qual é uma psicopata destrutiva contra qual sempre tem casos de ciúmes até dos amigos, dos parentes e de tudo que faz parte do seu círculo de proximidade, até da atriz da TV.

São simplesmente loucas.

O terceiro tipo de mulher é aquela interesseira que negocia favores porque somente percebe vantagens materiais e financeiras, sem perceber que está negociando também a sua vida a longo prazo, mas, quando a fatura de cobrança dos presentes e vantagens recebidos chega pode ser tarde demais para conseguir remir todas as suas dívidas e o seu cadastro de crédito e endividamento vai ficar mais sujo do que devedor na Serasa.

Por isso eu prefiro as prostitutas ou as interesseiras às do segundo tipo que são psicopatas, pois as do primeiro tipo são conversíveis facilmente para o terceiro tipo, porque quem pede dinheiro fica devendo; quem recebe dinheiro tem que prestar conta; quem dá dinheiro cobra favor.

Assim o maior problema realmente concreto é fazer a mulher aceitar favores, assim, sem perceber, ao longo prazo, ela fica devendo muitos favores em dívida de gratidão sutilmente cobradas sem confronto sem jogar na cara dela o que estragaria todo o arranjo complexo deste processo de troca de favores por sexo sem parecer prostituição, e sem querer, ela acaba devolvendo favores recebidos ou obtidos da única maneira que uma mulher sem bens pode pagar sua já então enorme dívida.

Aí as coisas viram a seu favor, se vc está disposto a um relacionamento do tipo de troca de favores, tudo bem.

Não existe modo algum de um homem tirar vantagem em um relacionamento saudável que não seja ilegal, sem se valer de fraude, mentira ou trapaça.

De modo legal e moralmente aceito nenhum homem tira vantagem de uma mulher.

Foi esse o grande segredo dos EUA dominarem os europeus depois da segunda guerra, prestando ajuda impagável, Plano Marshall, até os ex inimigos também foram ajudados, e quem não aceitou a doação e gentileza ficou independente dos EUA e inimigo como a URSS e China.

Viu como funciona a generosidade!

A generosidade dos EUA em se sacrificar para salvar a Europa do Nazismo e depois do comunismo hoje representada por 455 bases militares americanas somente na Europa, na criação da OTAN, e essa gentileza é financiada e copatrocinada pelos PIBs dos agradecidos europeus que pagam pelo programa de turismo militar dos soldados norte americanos que acordam todos os dias em Paris, Gênova, Berlim, Amsterdan, Estocolmo,

Veja que delícia de guerra de militares e civis americanos quando prestam serviço à pátria passeando pelos 145 países no mundo onde tem uma bandeira dos EUA nas 1147 bases e instalações militares americanas estrangeiras, tudo por causa da generosidade promovida pela oferta de proteção militar dos caridosos e preocupados americanos com o bem estar dos cidadãos europeus.

A lei federal 11340 Maria da Penha transforma o diálogo e a relação entre os gêneros principais, o macho e a fêmea humanas, em diálogo de surdos.

Qualquer surto verbal ou excesso tolerável verbal se transforma em caso jurídico da tipologia criminal, então vamos aos fatos concretos.

Pai e filha se aconselhando ou avaliando uma situação normal e plausível doméstica nos tempos antigos anteriores à dita lei erga omnes capaz de fazer o divórcio direto sem pedido de divórcio e sem as formalidades legais de divórcio que esta lei é capaz de implementar, sem o devido foro legal, sem processo legal devido, sem esgotar a possibilidade de ampla defesa, sem o amplo contraditório, obviamente sem devida presunção de inocência do acusado, e sem o trânsito em julgado, atropeladas todas estas instâncias constitucionais, a apoderando-se do poder de polícia da superproteção dada a mulher, a transforma na única voz possível desde o diálogo mais inocente até o limite de uma disputa de opinião doméstica, numa ditadura feminina perfeita e acabada. Franz Kafka nunca acreditaria nisso, a sua ficção foi levada às últimas consequências no Brasil.

Na verdade um caso da Lei Maria da Penha pode começar com um devaneio qualquer apenas na imaginação ou suposição da suposta vítima. Ou nem existir motivo, como Kafka em "O Processo", sem materialidade alguma, exercício vazio das próprias razões.

Como no drama Kafkiano não é necessário existir um fato concreto, basta uma abstração que a lei acolhe como assédio moral, violação psicológica, o conceito de violência é tão elástico quanto permite a imaginação jurídica sexista androfóbica sociológica.

Então está se discutindo, por hipótese, a questão da compra de um utensílio doméstico de utilidade da casa do casal e então não convencida da inoportunidade inconveniente diante do orçamento escasso apertado a parte beligerante mais poderosa dá um ultimato.

Diante da negativa do macho ela empreende uma queixa de assédio moral e constrangimento ilegal, e para se garantir de que a sua pretensão vai ser bem-sucedida empurra o seu cônjuge e lhe desfere um tapa daqueles inofensivos fisicamente mas bastante ofensivo moralmente no seu rosto para se assegurar que não ficará sem a sua reação física ou verbal.

Construída a armadilha proposta e pensada se o progenitor da família não aceder ela procura os meios legais na delegacia especializada em coisa feminina e uma viatura de batom, metralhadora e munição encaminha o desprevenido que nada pode falar em sua defesa pois reagiu ao tapa na sua cara com outro tapa, um empurrão ou um soco ou rasteira ou simplesmente imobilizou a sua agressora conforme a medida do uso moderado de força física. Ou não, pode ter apenas virado as costas e retirou-se.

Acaba de cometer um crime contra toda a sociedade.

A alternativa ante todas essas consequências previsíveis e previstas é sempre obedecer ao que sua esposa ou companheira ou irmã ou namorada ou vizinha ou amante ou filha ou enteada ou qualquer ser com uma vagina determinou que faça seus desejos, e calar-se para sempre.

Antes de toda essa confusão começar pode-se evitar tudo isso se calando e nunca aumentar o problema conversando, discutindo, dialogando, argumentando, explicando, justificando, demonstrando, confrontando, reclamando, enfim, o silêncio é a única defesa antes do afastamento total entre os sexos incompatíveis onde um deles é como uma criança indefesa, tutelada, protegida, tombada como um patrimônio etnográfico da sociedade humana inviolável por palavras e ações.

Acabaram-se todas as alternativas de probabilidade de um relacionamento adulto, maduro, civilizado, coerente, consistente, amigável, respeitoso e responsável entre um ente que não pode ser responsabilizado legalmente pelos seus atos por ser totalmente tutelado pelo Estado e o outro lado presumidamente hostil, criminoso, agressivo, inútil e perverso imanentemente e presumido o criminoso potencial inimigo da sociedade: o macho.

A lei 11340 transformou um ser humano adulto e capaz em um ser incapaz de se proteger, se defender, de lidar com pressões e problemas transformou em um ente tutelado, idiotizado, fragilizado, vitimizado, intocável e incapaz.

Obrigado deputada federal pelo Estado de Santa Catarina Pascolatto pela defesa da maturidade e da racionalidade e sanidade de volta ao Estado brasileiro.

O próximo presidentx de Ibirapitanga será birracial-Transsexual-vegano, será a representante da nova era perfeita da maior harmonização cósmica transcendental, ideológica e religiosa da nossa era das transideias universais.

Sem preconceitos, com uma carreira de proteção ao meio ambiente ilibada, montado em sua bicicleta o novx presidentx de Ibirapitanga, - pra quem não sabe ibirapitanga é o nome nativo tupi guarany da árvore do conhecido pau brasil, - inspirado e derivado do iberismo "brézil" que era o nome dado ao suco de pau brasil equivalente zoobotânico da árvore que produzia o líquido vermelho chamado "bracis" ou "brézil" da Índia que aportuguesado do ibérico virou Brasil, nome da terra do pau.

No novo país - politicamente correto e ecologicamente correto e sexistamente correto -, sem queimadas, sem maus tratos aos animais, com tornozeleiras voluntárias nos homens mantidos à distâncias seguras das mulheres mesmo quando não estão em vagões e trens de metrô exclusivo apenas para mulheres e crianças, então depois da reintegração das escolas exclusivamente femininas adaptadas para receberem meninos, e escolas exclusivamente masculinas adaptadas para receberem as meninas, para depois fundir os colégios militares exclusivamente masculinos para aceitarem as meninas, e as forças armadas machistas aceitarem as militares femininas, assim misturamos os banheiros que eram masculinos para receberem as lésbicas, e os banheiros exclusivamente femininos para aceitarem os travestis, então completamos a obra do diversionismo sexual colocando mulheres onde só havia homens e retirando e separando as mulheres onde havia homens e mulheres misturadas para a segurança total das mulheres.

Separamos as mulheres dos homens onde havia mistura de homens e mulheres, e incluímos as mulheres onde havia exclusivamente somente os homens e de onde as mulheres estavam excluídas.

Nada de comer carne de animaizinhos, apenas comer vegetais e carne sintetizada industrialmente, diminuir e eliminar o consumo de: açúcar, sal, sol, frituras, churrasco, peixinhos bonitinhos, cuidar das tartaruguinhas do Projeto Tamar, não deixar nada em Fernando de Noronha exceto as lembranças, preservar os indígenas da Amazônia por meio dos campos de concentração de lazer forçado de conservação de cultura e criação, inseminação artificial e procriação naturalmente induzida dos índios na selva fechada, sem cruzamento com outras raças não indígenas.

Permita-me fazer uma previsão para menos de dez anos, no máximo dentro de trinta anos será totalmente ilegal a um homem maduro se dirigir a uma mulher sem uma autorização judicial, o que obrigará ao macho portar um habeas corpus permanentemente, plastificado para exibir ante qualquer autoridade policial ou judicial para fugir da prisão em flagrante por crime de assédio e importunação, estupro mental, violação psíquica, tudo presumidamente.

Hoje, diante da Lei 11340 conhecida como Maria da Penha, é suficiente e necessário apenas o testemunho único singular e absoluto da mulher para afastar qualquer macho de seu lar e de suas roupas, sem os seus pertences, seus bens e tudo que for além da capacidade de portabilidade de uma sacola ou mochila, ficarem para trás definitivamente fora de seu domínio e posse por ocasião do juiz-delegado-policial executor da ordem de afastamento sem o devido processo legal, sem ampla defesa, sem direito ao contraditório, sem presunção de inocência e sem trânsito em julgado fazer o divórcio mais rápido do código de processo civil, violando o pacto pré nupcial, violando o processo formal de divórcio sem audiência, sem formal de partilha de bens, sem nenhuma cautelar que preserve e proteja qualquer direito do macho, esse erga homines vige apenas e suficientemente com uma singela e curta poderosa ordem emanada por uma mulher que apenas instrumentaliza com a sua voz todo os sistemas judicial e policial, destruindo em algumas horas toda a vida profissional, emocional, civil, financeira do pobre e desamparado macho hostil e inútil à sociedade, aquele que inventou a locomotiva, o avião, o navio, a máquina a vapor, o telefone, o automóvel, todas as ciências, a cirurgia médica, o raio laser, a bomba atômica, tudo que existe no mundo tecnológico, protegeu a humanidade das feras e de outros humanos inimigos, agora o novo discurso das mulheres emasculadas e sem o Pênis, se arvoram iludidas, enganadas, subestimadas, ignoradas, oprimidas e desvalorizadas durante milhares de anos pelo macho mau, resta agora esperar pelo balanço no futuro do que restará da tecnologia e eficiência da humanidade quando será feita a avaliação do resultado para a humanidade desta experiência inédita onde as mulheres protagonizariam a história da humanidade nas ciências, na religião, na tecnologia, na filosofia e na vida política e cotidiana.

Nem seria preciso esperar para ver, a fisiologia neurológica e muscular do dimorfismo sexual já respondeu a estas expectativas.

Vai ser uma fase muito mais difícil e decadente do que os 998 anos da Idade Média, vai ser a idade androfóbica, e quem quiser ter uma proxy do futuro é só visitar o país mais feminino do mundo depois da Suécia dos anos 60 e Finlândia que é o Canadá, e verificar de que é capaz uma civilização misândrica como Japão e Coreia do Sul.

Só esperamos que não dure outros 998 anos para uma nova Renascença e um neo Iluminismo para aquilo que restar da humanidade

Você evangélico fica pensando em como seria o mundo todo para Cristo, como era o mote refrão da campanha em 1969 "Cristo a única esperança" para a humanidade.

Eu ficava pensando quando criança, no ano da conquista da lua justamente os evangélicos sonhando com o Brasil todo convertido a Jesus Cristo, parece que o pastor Billy Grahan o orador principal do evento final no Maracanãzinho nunca estudou a História geral pois o Feudalismo foi o que mais se aproximou do ideal de um mundo todo aos pés da Cruz de

Jesus Cristo, pelo menos no Ocidente a única igreja que representava o Cristianismo era a dona de dois terços dos feudos e de todas as almas do Ocidente.

Ato falho e esquecimento proposital?

A igreja cristã já foi a única religião de todo o Ocidente durante toda a Idade Média, e isso quer dizer que o mundo Ocidental já teve uma hegemonia e dominação totalmente pela igreja cristã e o resultado foram 998 anos de mais puro atraso, corrupção, devassa, ignorância, obscurantismo e atraso científico, cultural, opressão, falta de liberdade se esse é o resultado da implantação do cristianismo como forma de estado e de civilização então o cristianismo foi a pior ideia de todas.

Para quem ainda acredita nos extremos temos experiências vivas de extremos e estão aí agora para serem avaliadas sem a leniência da avaliação dada ao feudalismo sem culpa da religião cristã.

Os Ecologistas sonham com um mundo livre de poluição e de exploração extrema dos recursos naturais e destruição da natureza pelas indústrias, pelo progresso irresponsável e pelas metrópoles enlouquecendo as pessoas.

Esse paraíso utópico sonhado pelos ecologistas existe na África negra, só que eles sequer o reconhecem e cegam para não ver que a África seria o paraíso idealizado por eles, os ecologistas,   para a vida natural com a natureza, sem indústrias, sem poluição e sem exploração predatória dos recursos naturais, mas não se vê a defesa da natureza e seu padrão ecológico por parte dos ecologistas que não querem nada do que eles defendem, querem viajar nos Boeing 777 queimando petróleo nos turbojatos para protestarem em seus

Iphones nas mídias sociais no Instagram e Facebook ao invés de irem compartilhar a vida natural na África.

Mas os sonhadores com um mundo muito espiritualista como um paraíso da espiritualidade e do despojamento material de riquezas e saberes supérfluos desnecessários e uma vidinha simples e minimalista ao extremo fora de um mundo capitalista poderiam se mudar para o paraíso do amor e da paz do mundo da espiritualidade completa e nem precisariam ficar pressionando para o fim das matanças de animais para servirem de alimentos porque esse mundinho perfeito dos pacifistas veganos existe e se chama Índia para onde todos os veganos e militantes da paz sem revólveres sem violência seria ali esperando por todos os militantes do Green Peace, mas porque eles não divulgam a Índia e não vão morar lá?

Mas o mundo não é feito de seres racionais, nada disso, porque se os defensores do paraíso comunista quisessem, todos os democratas dos EUA, todos os militantes comunistas disfarçados de social-cristãos, social-democratas, sociais-liberais poderiam estar nos paraísos dos comunistas em Cuba ou na Coreia do Norte, mas não estão nem planejando suas férias nestes paraísos que tanto sonham para toda a humanidade.

Mas tem por fim os utopistas do senador Cristóvam Buarque que já foi de tudo na vida que uma pessoa poderia desejar ser, reitor, Governador, Senador, ministro e este senhor protagonista da educação, na verdade, escolarização que ele confunde com educação, desconhece a agrura da vida dos japoneses de Tóquio e os coreanos de Seul de alto nível de escolarização universitária e pós que vivem confinados e escravos da competição selvagem em trens e metrôs em apartamentos de dois metros quadrados, sendo empurrados para embarcarem em caixas de aço ferroviários, e trabalhando sete dias por semana, trinta dias por mês e trezentos e sessenta e cinco dias por ano para quê? Para carregar seu Iphone com créditos e cargas elétricas, nem sequer pode ter um carro para andar na cidade que têm o trânsito mais caótico do mundo, não querem ter filhos, ou nem podem e por isso a população vai envelhecendo e diminuindo em sua misantropia, androfobia e misógina e sistêmica.

Permita-me fazer uma previsão para menos de dez anos, no máximo dentro de trinta anos será totalmente ilegal a um homem maduro se dirigir a uma mulher sem uma autorização judicial, o que obrigará ao macho portar um habeas corpus permanentemente, plastificado no seu bolso, para poder exibir ante qualquer blitz de autoridade policial ou judicial para fugir da prisão em flagrante por crime de assédio e importunação, estupro mental, violação psíquica tudo presumidamente.

Hoje, diante da Lei 11340 conhecida como Maria da Penha, é suficiente e necessário apenas o testemunho único singular e absoluto de qualquer mulher em qualquer momento ou circunstância para afastar qualquer macho de seu lar e de suas roupas, sem os seus pertences, seus bens e tudo que for além da capacidade de portabilidade de uma sacola ou mochila, para ficarem permanentemente definitivamente para trás, definitivamente fora de seu domínio e posse por ocasião do juiz-delegado-policial executor da ordem de afastamento sem o devido processo legal, sem ampla defesa, sem direito ao contraditório, sem presunção de inocência e sem trânsito em julgado fazer o divórcio mais rápido do código de processo civil, violando o pacto pré nupcial, violando o processo formal de divórcio sem audiência, sem formal de partilha de bens, sem nenhuma cautelar que preserve e proteja qualquer direito do macho, esse erga homines vige apenas e suficientemente com uma singela e curta poderosa ordem emananda e prolatada por uma mulher que apenas instrumentaliza com a sua voz todo os sistemas judicial e policial, destruindo em algumas horas toda a vida profissional, emocional, civil, financeira do pobre e desamparado macho hostil e inútil à sociedade, aquele que inventou a locomotiva, o avião, o navio, a máquina a vapor, o telefone, o automóvel, todas as ciências, a cirurgia médica, o raio laser, a bomba atômica, tudo que existe no mundo tecnológico, protegeu a humanidade das feras e de outros humanos inimigos, agora o novo discurso das mulheres emasculadas e sem o Pênis, se arvoram iludidas, enganadas, subestimadas, ignoradas, oprimidas e desvalorizadas durante milhares de anos pelo macho mau.

Então nos resta agora esperar pelo balanço no futuro do que restará da tecnologia e eficiência da humanidade quando será feita a avaliação do resultado para a humanidade desta experiência inédita onde as mulheres protagonizariam a história da humanidade nas ciências, na religião, na tecnologia, na filosofia e na vida política e cotidiana.

Nem seria preciso esperar para ver, a fisiologia neurológica e muscular do dimorfismo sexual já respondeu a estas expectativas.

Vai ser uma fase muito mais difícil e decadente do que aqueles 998 anos da Idade Média, vai ser a neo Idade Média androfóbica, quem quiser ter uma proxy do futuro é só visitar o país mais feminino do mundo depois da Suécia dos anos 60 e Finlândia que é o Canadá, e verificar de que é capaz uma civilização misândrica como Japão e Coreia do Sul, países estagnaram sua economia numa desinflação ou deflação porque os machos não querem ter propriedades nem patrimônios nem mulheres nem relacionamento com as mulheres, os economistas jamais iriam admitir essa causa da decadência de países tão desenvolvidos, a nova decadência romana de volta.

Só esperamos que não dure outros 998 anos para uma nova Renascença e um neo Iluminismo para aquilo que restar da humanidade.

Sem culpa de ser macho.

Sem sentir culpa porque vai penetrar o falo duro, invasivo, ereto, pontiagudo, rompedor, penetrante, invasivo, devassador, imponente, conspícuo, agressor, transgressor, proeminente, ativo, concreto, armado, túrgido, viril, másculo, perfurante, devastador, incisivo, entalador, intruso, traspassante, atuante, tapador, esbulhador, esburacante, escavador, arrombador, esfoliante, deflorador, descabaçador, debulhador, cabeçudo, vara, poste, torre, tromba, bambu, pilar, viga, mastro, cabo, canhão, perna, trombeta, baqueta, pau, ponte, piquete, braço, pica, piroca, cacete, caralho, porque o oposto seria o mesmo que servir capim e grama verde para um leão, leopardo, onça, tigre, um despropósito;

As explosões musculares de um macho típico são 3 vezes maiores e mais rápidas do que as fêmeas, a massa muscular 2 vezes maior, a agressividade exacerbada faz do macho um matador nato.

Mulheres não estupram nem pagam para ter relações sexuais de um profissional masculino normalmente, exceto se tiver passado da fase mais juvenil e inflamada de sua aparência sedutora da fase jovem.

Nenhum ordenamento jurídico vai revogar as leis naturais da biologia e da evolução da espécie que levou milhares de anos escolhendo o melhor caminho e processo para garantir a preservação da espécie humana com esse modelo consagrado e aprovado plenamente sem a intervenção humana.

O engano e a decepção e o medo da bolha femem levou ao momento atual onde MGTOW e outras cadeias abertas, e sentenças de repercussão geral condenou todos os homens a uma prisão aberta onde se vê na condição de evitar qualquer contato mais íntimo com uma mulher, a mulher passou a representar uma bomba cheia de pavios e gatilhos por onde tocar pode explodir tudo.

Um dia tudo começou devagar sem levantar qualquer suspeita de que o cerco iria se fechando paulatinamente, como uma sucuri abraça a sua presa, começou sem pressa com a lei do divórcio, uma divisão de responsabilidades onde a ex-esposa ficava aposentada enquanto estivesse compulsoriamente com a guarda dos filhos e recebendo o bastante para sustentar os filhos e sair com seus namorados numa vida sem preocupações financeiras, porque o Estado que não pode e não consegue garantir a nenhum cidadão uma renda permanente, o Estado obrigava ao homem pensionista a garantir a sobrevivência e o conforto da mulher divorciada.

Demorou a cair a ficha até que enfim os casamentos passar a serem substituídos pela união casual e logo a justiça começou a reconhecer como se casamento fosse união estável, então o passo seguinte era a guerra entre os gêneros principais: entre o homem e a mulher.

Como aplicar ao homem arredio que não quer mais contato nupcial nem sexual com uma mulher avulsa uma punição e o casamento compulsório?

Então inventaram a mulher vitimista presumida permanentemente do macho através do álibi da violência imanente contra a mulher, assim qualquer um macho que não se submeter a uma mulher pode sofrer a acusação de violência presumida, ou real, ou psicológica, ou intimidação, ou financeira ou moral, ou, abandono intelectual ou sentimental-emocional.

Não adianta qualquer cautela, o sexo que era opcional agora será obrigatório, ou o homem deveria se apartar definitivamente de qualquer forma de contato virtual ou concreto com a mulher dominadora.

O excesso de proteção dado para a mulher faz com que seja tratada pelo macho como tutelada pelo Estado por suas palavras e atos o que inibe e bloqueia a comunicação do macho que possa parecer um abuso ou uma ameaça, então não se pode falar e argumentar nem fazer qualquer reclamação ou cobrança nem fazer uma queixa ou mostrar desagrado nem se quer reclamar alguma coisa o que leva ao completo alheamento e a indiferença chegando no limite à apatia, desdém e isolamento, a eliminação virtual completa da mulher da vida no mundo masculino.

Então o macho se colocou em uma prisão aberta como se tivesse uma tornozeleira eletrônica virtual às avessas para provar à autoridade que não está em companhia de uma perigosa mulher empoderada.

"Lugar de fala" mais uma expressão cretina do jargão femimi, "empoderamento femimi" são peças dos arsenais verbais utilizados para marcar território da diversidade sexual.

Os furacões eram cem por cento batizados com nomes como: Elza, Mary, Alice, Shelly sempre femininos por que a ira feminina só não é superada pelas bombas nucleares de hidrogênio.

Deus na sua imensa sabedoria ao criar a mulher deu-lhe 2,5 vezes menos densidade óssea e 3 vezes menos massa muscular e explosão muscular do que ao homem, por que com a fúria imanente feminina a mulher seria indomável, indomesticável imagine uma mulher furiosa com a força de um homem!

Eu posso falar sobre feminismo porque sou mestre em ciência comportamental, portando dispenso cancelamento e lacração, o máximo que vc pode fazer é me engolir já que não pode me contestar.

As mulheres nunca precisaram do feminismo tanto quanto os negros nunca precisaram de cotas pois estas compensações sociais são daquelas idiotices do comunismo, servem apenas para empoderar os negros incompetentes e as mulheres com depressão. Ninguém gosta de piedade, precisa de respeito apenas isso.

Nem os negros precisam de cotas tanto quanto como as mulheres dispensam o empoderamento, seria injustificável tentar explicar a opressão masculina durante os últimos seis mil anos de civilização onde os escravos machos morriam de tanto trabalhar e as mulheres deles ficavam com a parte mais amena do serviço doméstico escravo, os soldados morriam a fio de espada justamente para pouparem as mulheres das matanças das guerras;

Veja então um momento em que o trabalho muda da picareta e marreta para o teclado do computador e para o bisturi; as mulheres que haviam se acostumado a ficarem em seus palácios castelos domésticos agora querem disputar o mercado de trabalho dominado pela mão de obra masculina por tradição e não por merecimento, apenas costumados a trabalharem para preservarem as suas fêmeas do trabalho pesado tradicional nos portos descarregando navios, caminhões e consertando máquinas.

No século XIX vem a revolução industrial e as mulheres e crianças são jogadas nas jornadas intermináveis de trabalho em Liverpool e Manchester trabalhando 18 horas seguidas, e as mulheres e crianças são descartadas apenas por causa da concorrência da mão de obra masculina mais eficaz e não pelo sexo delas; simples capitalismo.

Não existem mulheres trabalhando em minas subterrâneas, zero mulheres garimpeiras em zonas de garimpo, somente mulheres prostitutas e cozinheiras por lá; não existem mulheres em navios pesqueiros; não existem mulheres trabalhando em plataformas de petróleo; não existem mulheres vaqueiras; nem mulheres trabalhando em câmaras frias dos frigoríficos; nem no alto-forno de siderúrgicas; não vejo mulheres trepadas a 150 metros de altura nas torres de transmissão de sinais de rádio ou de sustentação de cabos de energia elétrica de 1 milhão de volts; o serviço pesado continuam a disposição de todos mas nós homens temos que fazer o trabalho pesado para prover a humanidade dos bens indispensáveis à vida.

As mulheres para ingressarem nos quadros das forças armadas, nas polícias e nos bombeiros precisam passar por exames físicos porém os testes físicos são diferentes em função de sua menor capacidade física de força e explosão muscular os seus índices e indicadores de força e resistência são de 20% a 60% menos exigidos do que a prova de capacidade física exigida para os homens, nas competições de corridas de automóveis e de motocicletas o desempenho feminino nem de longe se aproxima dos indicadores e parâmetros conseguidos pelos homens.

As mulheres esqueceram como exercitar o softpower das suas avós e foram convencidas a exercer o hardpower masculino influenciadas pelas ideias androfóbicas das feminazistas e entraram num terreno onde para não saírem completamente derrotadas no Wrestling apelaram para leis como a lei 11340 Maria da Penha.

Os homens são cafajestes porque não aceitam o envelhecimento da mulher que rapidamente começam a perder a validade porém o que os homens mais detestam do que as rugas, os peitos caídos, estrias e as celulites, e as veias saltando das varizes é o envelhecimento moral, as mulheres rapidamente perdem a inocência e o entusiasmo, e perdem a bondade se tornam velhacas e maliciosas maldosas e acham bonito tudo que era feio e detestável na mentalidade juventude feminina, o frescor da juventude simples e a leveza da vida, não é o envelhecimento físico que chega primeiro e sim o mental e moral, porque a longa disputa com o mundo masculino pode vilanizar as relações entre o homem e a mulher.

Precisamos fazer um balanço daqui até o ano de 2050 para ver se o feminismo melhorou a vida das mulheres e trouxe progresso para a humanidade. Esse é o meu prazo de volta ao machismo histórico.

Sem cancelamento, por gentileza. Não vou dizer aqui se sou antimangina ou antiescravoceta.

O que vou propor é um caminho tragicômico.

Os homens foram iludidos de que poderiam controlar suas mulheres, filhas, esposas, namoradas, amantes, ficantes, por tradição cultural fomos convencidos de que as mulheres fazem parte da mesma espécie que os homens, diferenciando apenas por um cromossomo Y.

Apenas um cromossomo já é um abismo do ponto de vista biológico, implica esse único cromossomo em milhões de informações para os RNA o que nos remete ao fato de que dos 23 cromossomos humanos temos trilhões de combinações de informações genéticas que ficaram blindadas no cromossomo y.

Com o mapeamento do DNA humano cumpre revelar que somos quase duas espécies diferentes biologicamente e principalmente psicologicamente, esse foi o erro que levou a situação atual de total conflito de gênero, assim, os atos femininos estão totalmente desprovidos de significação para a lógica masculina divergente, e isso sequer é considerado nos livros de psicologia.

A hipótese de que a psicologia estuda a mente humana já é uma falácia quando tenta apenas identificar os diferenciais humanos sexuais, por não haver tais diferenciais, as mentes masculinas são totalmente diferentes das mentes femininas.

O antagonismo feminino não nasceu por causa do feminismo, a mulher nunca reconheceu no masculino um ser da mesma espécie humana a que ela pertence, portanto, tratar o homem como um ser humano não parte do cogito feminino, portanto, não precisa a mulher respeitar os protocolos humanos da mulher com respeito ao homem que deixa de ter a condição humana, na perspectiva feminina.

Pode trapacear, enganar, extrapolar as normas sociais e os protocolos sociais como se faria com uma raça alienígena, que supostamente colhe e abduzem espécimes estranhos para estudo e análise até mesmo sacrificando os espécimes estranhos à sua espécie, assim, a mulher pensa o homem como um ser de outra espécie não tendo para com o macho humano qualquer identidade e qualquer empatia por pertencer a uma outra espécie não humana, esta compreensão explica qualquer sentimento de piedade ou de respeito ou solidariedade que devotamos a um animal doméstico porque o homem é uma espécie não humana e hostil.

Qual foi o fato histórico quando todas as mulheres do mundo inteiro foram colocadas na condição de desimportância total para a humanidade e o homem foi declarado hostil ao direito de igualdade?

Essa pergunta jamais respondida pelas feministas vem junto com outra: quantos homens foram feitos escravos por sistemas criados por outros homens?

Faz parte da mitologia humana a fantasia da utopia do paraíso terrestre, não menos pior e ridícula do que a outra utopia da igualdade, como se não bastasse a lei da dialética de que não existe duas folhas de árvore iguais no universo inteiro, as nossas melhores distopias são ainda a da igualdade e a distopia da felicidade no paraíso eterno. Na terra.

Quantos homens trabalharam para outros homens como na condição de escravidão sem receberem remuneração e as mulheres sim eram consideradas portadoras de mesmas condições de escravas tal como os escravos, neste caso as mulheres feitoras dos escravos não foram solidárias às mulheres escravizadas?

É preciso também considerar como eram os contratos de trabalho na antiguidade, no império romano, no império egípcio, na renascença, na era colonial nas américas, então comparamos com as condições dos escravos em cada época, fazer um corte comparativo atemporal é inútil e ilógico.

O recorte do assunto com o corte mulheres/homens não facilita e nem soluciona nem problematiza corretamente a questão dos direitos humanos.

A violência contra os homens a partir de outros homens é estatisticamente maior de homem para homem do que a violência de homem sobre a mulher, simplesmente porque o agente protagonista da humanidade é o homem, simplesmente porque é assim.

Homem é o protagonista porque se mostrou mais hábil do que a mulher, e nada pode mudar isso; homens habitantes do círculo polar são mais produtivos em projetos intelectuais por causa do clima que os obriga a ficarem isolados durante quase nove meses por ano para se abrigarem do frio, então o macho lê mais, medita mais e inventa mais neste período de meditação forçada.

O que impediu a mulher de fazer o mesmo? Alguma lei as obriga a não procurarem tarefas cansativas e extasiantes, de ler e escrever e estudar?

A preguiça e o alheamento a indiferença a apatia da mulher são as responsáveis únicas pelo seu lugar na história da civilização, uma parte dessa restrição cabe ao fato da gestação e criação da prole ocuparem muito do seu tempo de vida adulta. E um trilhão de neurônios de diferença.

Como foi possível durante 350 anos pessoas adultas embarcarem sem coação em uma embarcação e se submeterem a viagens longas para chegarem a lugar desconhecido para começarem uma atividade igualmente desconhecida com riscos conhecidos?

De quem estamos falando?

Os marinheiros do século XIV embarcavam nas caravelas e naus portuguesas e espanholas, com pagamento adiantado de um ano que eram entregues para a família que não embarcavam justamente por causa dos riscos das viagens marítimas aonde de cada três embarcações que partiam da Europa uma nunca retornava.

Que tipo de contrato era esse para o enorme risco em troca de dinheiro que bem poderia ser ganho de outra forma?

Que tipo de empreendimento é esse onde as possibilidades de lucro envolviam um risco inaceitável?

Um contrato que lhe fosse oferecido agora em 2021, onde está garantida: habitação, sexo à vontade, comida, assistência médica, emprego certo para você e os seus filhos, sem obrigação de cuidar da sua prole, sem riscos de pagamento de pensão alimentícia, sem perda de bens por dívida, sem divórcio, sem casamento, sem fidelidade?

Acabei de descrever um contrato de um escravo negro africano do século XVII no Brasil ou na Antilhas, ou em qualquer parte.

Para muitos hoje em dia tal contrato seria a solução melhor para uma vida miserável de favelado e excluído mas a moral liberal atual se negaria a reconhecer que os escravos viviam em um sistema muito melhor do que os miseráveis sem teto e os sub-assalariados.

Vivemos a era dos direitos humanos que nos foram ditados sem uma consulta popular ampla sem consultarem aqueles a quem são endereçados estes direitos, e o que é pior, são imposições dos ricos países abastados apenas para nos punirem por não podermos ter as mesmas possibilidades de riquezas.

Enquanto a CV19 regride no mundo todo, como era esperado acontecer com todas as viroses respiratórias em seu ciclo de vida parabólico que lembra a curva de Gauss de distribuição das probabilidades, bem familiar aos estatísticos e matemáticos, alguns economistas, médicos e de nenhum sindicalista militante da torcida necrológica, vimos durante os três ciclos da revolução industrial, ou, as três revoluções industriais em três fases na linha do tempo, a sucessão de eras de dominação e de hegemonia e a quinta e sexta revolução seriam a dos robôs e IA, nanomateriais, fotônica, e engenharia genética, a quarta era seria a abortada era da energia nuclear e da informática.

Nada como a história da própria ciência para nos mostrar a inutilidade da obsessão dos despreparados intelectuais orgânicos em apontar sempre o progresso científico como a bússola da humanidade e da civilização.

Nada mais fútil do que a tecnologia e a sua matriz o conhecimento científico.

O próximo modelo de celular estará nas lojas dentro de dois ou quatro anos derrogando e transformando em lixo o recém lançado modelo iphone 14.

Assim caminha a humanidade, não faz um século e a pequena maravilha tecnológica da Alemanha o Fusca era a obra prima do estado da arte da mecânica afinada do mercado automobilístico.

Nada de mais; nem se passou um século do projeto do fusca pelo engenheiro tcheco Ledwinka roubado por Ferdinand Porsche para se gabar diante de Adolf Hitler.

A cultura de trigo continua a mesma depois de seis mil anos, e pode a humanidade sobreviver sem o fusca e sem o celular, mas não sem o trigo.

Não estou querendo dizer que a tecnologia não merece a atenção do Estado, mas não é um degrau na falsa pirâmide do conhecimento, a base do conhecimento de hoje e de ontem nada servirá para a tecnologia de amanhã cedo para a humanidade, porque o conhecimento científico é feito aos saltos com rupturas, quando o primeiro Ford T era lançado pelas linhas de montagem nos EUA ainda estavam pendentes os pedidos de aprovação de cerca de 2000 modelos diversos de ferraduras para cavalos, os grandes fabricantes de carruagens e de diligências puxadas a cavalos e éguas nenhum deles investiu na construção de automóveis.

O ser humano detesta saltos descontínuos porque acredita na escalabilidade e na progressão e acumulação do conhecimento, então a física quântica rompe com a física clássica e ninguém menos que Einstein duvida daquela ciência nova de jogo de dados estatísticos. O único caminho

é a ruptura das velhas ideias que nem sequer merecem uma
revisão.

é a ruptura das velhas ideias que nem sequer merecem uma
revisão.

Lixo da história.

Existe uma contradição entre um paradoxo e uma contradição.

Existe paradoxo na contradição. Não existe contradição no paradoxo.

Paradoxo são palavras de sentidos opostos que se harmonizam na sentença.

Contradição são palavras que se opõem e se anulam na sentença.

Paradoxo: "das trevas nasce a luz". Contradição: "a sua força é a sua fraqueza".

O feminismo não é um paradoxo do machismo, é uma contradição.

O feminismo nega a força e dominação machista para cobiça própria se empoderando da dominação e da mesma forca que nega aos machistas.

O trabalho doméstico feminino e a maternidade são renegados para serem tidos como uma condição impositiva cultural.

O trabalho masculino é desejado pela feminista para transformar a mulher e promover a valorização dela. Os escravos trabalham na casa ou no seu local não doméstico necessariamente.

O servo feudal trabalhava em seu serviço doméstico ou no local não doméstico não necessariamente.

O que torna repugnante no trabalho para as feministas não é a tarefa, é ser doméstica a tarefa localizada dentro da casa.

O aviltamento do trabalho escravo estava na falta de pagamento em dinheiro.

O aviltamento do trabalho do servo feudal estava na ausência do pagamento em dinheiro.

A solução para a devolução da dignidade do escravo ou do servo foi introduzir o pagamento pelo trabalho. A solução para tratar dignamente a feminista é mudar o seu local de trabalho, não a sua tarefa ou a sua remuneração em dinheiro. Isso é contradição e não um paradoxo.

Recado (conselho) às feminazes e feministas de boas intenções: Chamar um macho, homem, de machista é tão ofensivo como chamar um cachorro de cachorrista, ou um macaco de macaquista, ou um leão de leonista. Somos machos e adoramos sê-lo, se isto incomoda às mulheres, algumas, muitas, sinto muito, ninguém abriria mão de ser dominador, privilegiado, forte, sagaz, porque o faria?

Dizer que a mulher consegue ser superior em multitarefas e o homem não, não nos incomoda, pois o teste foi feito com tarefas domésticas, cuidar do fogão, da panela no fogo, do celular que toca, do bebê que chora, e da máquina de lavar tudo ao mesmo tempo, nós não temos esta habilidade, porque temos que cuidar dos três monitores do painel de comando da aeronave, falar pelo rádio com a torre de controle de voo, verificar se o trem de pouso já está baixado, reduzir a velocidade da aeronave, baixar os flaps, verificar a direção e velocidade do vento na pista e monitorar as quase 400 informações do painel de comando da aeronave, coisas que qualquer idiota faria.

Ah, sim, o único apelido que existe em todas as línguas do mundo é cdf, ou nerd, porque nenhum aluno gosta dos gênios, eles apanham e são humilhados nas escolas do mundo todo, pelos rapazes fortões e burros, e pelas gatinhas mais cobiçadas na escola, mas eles vão ser os patrões e chefes destes que debocham só que eles ainda não sabem disso, por isso parem de dizer que homem tem medo de mulher bem sucedida profissionalmente, na verdade, ninguém gosta, nem as outras mulheres...

É o amor vencendo tudo.

O maior amor depois do amor de Jesus é o amor de mãe, que ama aquele que saiu de suas entranhas, de suas vísceras depois de três trimestres de intimidade carnal, grudado nas vísceras uterinas, sugando tudo da parturiente, amarrado pelo cordão umbilical, compartilhando o sangue do feto-bebê, assimilando as suas fezes, urina, sangue, dores, doenças, sofrimento, saltos e pulos contorcidos para ao fim passar pela saída mais estreita do mundo, pois o amor do estranho percorre esta mesma via estreita para passar para as entranhas da sua amada para assim selar o mesmo amor que volta para as entranhas da mulher amada representando o caminho das entranhas percorrido pelo filho para representar o amor que nasce e volta pela e para as entranhas do corpo da mulher, a única que pode gerar toda a vida humana na terra.

Este deve ser o único sentido simbólico para o sexo para os cristãos verdadeiros.

É quando o pai doa a sua filha, mulher que ele sofreu, investiu, gastou, amou adorou, para que outro homem a receba de graça, quis a sociedade que este gesto de despreendimento social simbolizasse o ato de troca entre as famílias, onde os homens que no atavismo das gerações passadas abrissem mão de suas mulheres parentes para compartilha-las com outras famílias num gesto de solidariedade entre as famílias, as tribos, as clãs, os povos e os estrangeiros.

Chame-se isto de amor ao próximo, doar o primeiro amor de sua vida que é a sua filha e o primeiro amor de sua filha que é o seu pai, e o segundo amor que é o seu irmão pelo amor de outro de fora dos laços parentais.

Duplipensar: o trabalho doméstico é tão inútil, segundo as feministas, que a mulher só trabalha mesmo de verdade quando tem um trabalho fora de casa, quem trabalha em casa é sub cidadão, dona de casa, doméstica,mas..... na hora de aposentar, aí não, trabalho de casa da dona de casa humilhada e desqualificada, sub utilizada e sem a dignidade do trabalho fora de casa conta muito, segundo as mesmas feministas este trabalho sem importância passa a ser trabalho como qualquer outro fora de casa, trabalho de verdade, tanto que a mulher com dupla jornada continua a morrer bem depois do macho, provando que o trabalho em casa é muito penoso, contradizendo a retórica das mesmas feministas que insiste em dizer que a mulher somente trabalha se for trabalho fora de casa. Entendi.

E quanto ao feminicídio?

Diz a lógica feminista que se trata de assassinato apenas por ser mulher. Entendi. A mulher é morta independentemente de qualquer outra razão, apenas por que é uma mulher. Desconhecendo qualquer outra situação ou circunstância, seja autodefesa do macho, assalto, disputas materiais, disputas religiosas, nada , mas nada importa, a mulher é morta porque os homens apenas odeiam as mulheres e querem exterminá-las, é um argumento tão tolo, que se dissessem que feminicídio é um simples ato de se agredir a mulher enquanto ser humano frágil em situação de inferioridade seria uma ofensa às mulheres e à lógica feminazista que não admite essa inferioridade física imanente às mulheres, exceto no MMA, WWF, nas olimpíadas onde a mulher somente é igual fisicamente ao homem apenas na equitação, arco e flecha e no tiro al alvo. Mundinho cão, cheio de contradições e muita estupidez politicamente correta.

A Maior Fraude Intelectual do Século XX

Qual seria a maior fraude intelectual do Séc. XX?

Como se pode fraudar toda uma civilização com um conceito sem comprovação factual no teste da História, na Sociologia, na Antropologia e na Geografia, sem medo de atropelar os métodos estatísticos e toda a metodologia investigativa?

Poderia se pensar que se tratasse de uma fraude religiosa?

Como se poderia construir uma releitura da História da humanidade com um conceito tão universal, absoluto, genérico, determinista como por exemplo insinuar e se imaginar que simultaneamente acontecera no mundo todo, em todo lugar geográfico e temporal um mesmo fenômeno cruel como se fosse, por exemplo, um fenômeno de uma única língua universal falada em todo o tempo da história da humanidade, em todos os pontos da geografia terrestre, em todas as culturas do mundo e ao mesmo tempo se tornasse durante milhares de anos um fenômeno naturalmente permanente?

Seria possível que tal fato ocorresse na humanidade durante mais de cinquenta mil anos de civilização e de pré civilização e que somente no séc. XX fosse percebido tal fenômeno?

Pela teoria da violação e contenção psíquica do inconsciente coletivo não existe saída possível para a prisão de consciência coletiva.

Este fenômeno é observado quando por exemplo dentro de uma prisão de consciência histórica não é dado para um ser humano enxergar outra possibilidade de se fugir do sistema feudal, uma vez que nunca existiu nem existirá outra alternativa ao sistema feudal seja para o servo, seja para o senhor, seja para o vassalo seja para o nobre, seja para o clero, uma vez nascido dentro deste sistema que durou 987 anos nenhuma chance teria o ser humano de mudar ou fugir de seu destino eterno enquanto vivo dentro da rede social.

Durante a Idade Média tudo o que o ser humano deveria saber lhes era informado por um intercessor do clero.

Obedecer sem questionar, ouvir sem meditar, viver sem propósito outro que servir a Deus e ao seu Senhor, submeter-se às ordens feudais clericais e nobiliárquicas.

Era cumprir com todas as obrigações, casar-se com quem lhes fora determinado, viver sem razão e morrer pela Ordem social determinística.

Quantos que desafiariam aquela ordem social de dentro dela não sobreviveriam nem para o registro histórico, as lutas internas eram travadas para ocupar as vagas nos cargos vitalícios que eram criadas por morte ou falecimento dos seus ocupantes doadores de postos, ou pela fraude, ou pelo assassinato entre nobres e clérigos, assim se reproduzia a ordem feudal.

Na ordem feudal apenas um pequeno grupo de intelectuais da burocracia e os sacerdotes eram dotados do privilégio de examinarem os pergaminhos e assim passavam os segredos da escrita e da leitura para os seus herdeiros, um apenas escolhido para ser o aprendiz dos segredos dos pergaminhos, certamente um em cada vinte mil, cinquenta mil, ou cem mil indivíduos sabia ler e escrever.

Os pergaminhos eram escritos à mão e copiados por quem pudesse pagar somas estratosféricas pelos exemplares autênticos, assim a literatura antiga e medieval sobreviveu até o início da Renascença quando Gutemberg criou a primeira imprensa editora mecanizada na Europa, popularizando os livros para o Ocidente.

Moralidade

O que é moral?

Moral é um comportamento (ação, ou abstenção) conscientemente adotado diante de regras objetivas estabelecidas.

Tal comportamento moral nada mais é do que a interpretação diversa e pessoal, de cunho intrinsecamente subjetivo e consciente que modifica as normas de acordo com a conveniência pessoal de modo diverso das normas objetivas.

Desde o Mito da Caverna de Platão (Aristocles) ficou claro que o mundo é um conceito criado por cada indivíduo, dado que a percepção da realidade por cada pessoa depende da sua capacidade de compreensão e da sua apercepção da realidade. Portanto a realidade é única para dado indivíduo.

Não existe o objeto concreto, real senão como uma representação do fato objetivo no processo subjetivo de reconhecimento do mundo.

Schopenhauer em seu livro famoso O Mundo Como Vontade de Representação, Kierkgaard, Husserl, Hidegger estes todos denominados fenomenologistas, incluindo Platão e Kant, controversamente expressa fenomenologicamente, ou seja, subjetivamente, do que eles discordam entre si dentro dos limites da interpretação e da reinterpretação subjetiva, do que representa para si da realidade e da Fenomenologia, termo somente revelado por Husserl.

Assim, o conceito de moral somente pode ser entendido como a internalização no sujeito das expectativas de comportamento em sociedade, ou seja: a sua visão utilitarista individualista e egoísta sob as quais se baseia o seu sistema pessoal de tomada de decisões.

Para se evitar esta liberalidade de interpretações sobre o que cada indivíduo deveria decidir sobre aquilo que é melhor apenas para si sem considerar as consequências fora de seu âmbito pessoal e que poderia contrariar os seus interesses particulares, então para que todos tenham os mesmos direitos e utilidades assegurados em conjunto, para que o coletivo ganhe em detrimento do sacrifício das prerrogativas de cada um em particular, surge a saída chamada Ética que é a prática coletiva e obrigatória que impõem a cada um dos indivíduos em particular a perda de parte de seus privilégios e a supressão de alguma prerrogativa ou a perda de parte de seus direitos para que a soma de todas as utilidades individuais não resulte em prejuízo coletivo.

Como cada indivíduo de per si seria incapaz de fazer este cálculo de utilidade coletivo a partir de sua visão particular do que seria uma vantagem apenas para si, as regras da Ética precisam ser acatadas a despeito do cálculo individual que cada um faria tendo em vista do sacrifício que teria que fazer para o bem que indiretamente lhes seja compartilhado no coletivo.

Este cálculo de utilidade não permite que um indivíduo egoísta reconheça claramente as vantagens para o coletivo, por isso as regras da ética são impositivas e geralmente impõem alguma desvantagem na entrada (meios) que se transforma em vantagem na saída (fins).

Na Ética os meios justificamos fins. Nada pode ser bom se forem usados meios inaceitáveis eticamente. Eu me pergunto como se sentiram os cristãos católicos e protestantes diante da realidade da escravidão do século dezoito.

Eram famílias de europeus brancos, rezando e fazendo as suas penitências e ordenanças rituais domingueiramente, ali contritos, rezando e orando, mesmo que naquele mesmo momento eram negados a mesma humanidade e o direito de culto aos seus escravos ali perto nas senzalas, nos depósitos de escravos, lhes era negada a dignidade de se vestirem, de comerem à mesa, de terem uma família, de se amarem, de casarem, de terem afeto, de terem sentimentos, eram corpos sem direito às suas religiões, a se casarem, eram ora mercadorias, ora bens de troca, vendidos e comprados como cavalos, eram examinados nus como quaisquer animais de trabalho.

Então a ética é uma circunstancialidade, que depende da convenção social temporal e geográfica?

Não existem valores absolutos para a ética?

Claro que existem os valores absolutos, e estes valores absolutos quais foram violados, são os: direito à vida, à propriedade privada, direito a autonomia, direito de escolha e direito à inviolabilidade pessoal.

Sempre existiram todo o tempo tais direitos desde que o sapiens deixou a caverna e iniciou-se na vida em conjunto, em grupos, em comunidades, em clãs, em sociedade tais direitos inalienáveis e inegociáveis sempre existiram desde então.

Ocasionalmente os esquemas sociais tentam flexibilizar tais direitos pelo uso da força coercitiva, através de guerras de dominação sobre outros grupos quando se impõem a submissão que se inicia pela escravidão, servidão sexual e pela tributação exclusiva dos povos e nações derrotadas em confrontos e conquistas de espólios da guerra e conquista.

Escravidão e servidão não foram atos inocentes nem foram atos contingentes, foram atos antinaturais e premeditados em quaisquer circunstâncias, por que não eram universais, excluíram os parentes, os membros mais queridos dos clãs, das famílias, da elite, eram castigos impostos aos inimigos e aos estrangeiros mal-quistos.

A Igreja Católica Apostólica Romana não os possuía, mas não assumiu a condenação da escravidão negra.

Confissão tácita da consciência da maldade e da discriminação causada pelo sistema escravagista.

Nem tudo aquilo que é acolhido e chancelado pela sociedade pode ser aceito como ético e moralmente correto.

São princípios invioláveis: a integridade física, a integridade mental, a integridade psíquica, a integridade sexual, a integridade emocional, a integridade da autoimagem, a integridade das crenças, a integridade cultural, a integridade étnica, a integridade da escolha, a integridade parental, a integridade da propriedade material, a integridade da propriedade intelectual, a integridade da propriedade artística-cultural, a integridade do domicílio, a integridade do uso do tempo, a integridade da atividade laboral, a integridade da atividade profissional e a integridade intelectual.

Nunca houve na história humana o tal genocídio feminino como tenta provar a Maria da Penha e todas as feministas militantes.

Houve o genocídio nazista contra judeus. Genocídio cristão e muçulmano nas Cruzadas e Inquisições. Genocídio de povos em guerra, genocídios de indígenas, genocídio de negros, genocídio de bósnios em Srebrenica e Saravejo pelos sérvios, mas nunca houve um genocídio de gênero feminino na história humana.

O ÁLIBI

Mulheres sensatas não culpam os homens por uma hipotética e improvável situação de opressão machista.
Pergunte-se: porque somente agora as mulheres se descobriram oprimidas pelo machismo?
Pergunte-se se existiu algum fato na História da humanidade que comprove que o machismo existiu?

Reivindicar reparações pesadas contra a pseudo-discriminação machista é mais absurda do que reivindicar a reparação pelos ex-escravos negros sequestrados da África.

Quem executaria tal cretinice! Quantos erros históricos jamais serão compensados?

A Guerra dos Cem anos?

O Descobrimento do Brasil e o massacre dos indígenas?

A invasão napoleônica a Portugal de Don Manuel?

O apartheid da África do Sul?

o esbulho espanhol do ouro dos maia, inca e asteca que durou 300 anos de pilhagem e o massacre destes povos?

Mas, as femininas criaram o mito do machismo e estão ganhando compensações legais por algo que nunca foi provado e nem foi demonstrado com fatos e evidências: o mito do machismo.

Os machos são extremamente violentos, morrem assassinados a uma taxa dez vezes maior do que as mulheres são assassinadas, os negros a uma taxa vinte e duas vezes maior do que as mulheres, os gays masculinos são assassinados a uma taxa, - proporcionalmente ao número de gays - 660, vezes maior!

O macho está sendo acusado pelo seu sucesso evolutivo dos últimos 150 anos, pois nos anos e séculos anteriores ser macho foi um fardo insuportável diante das vantagens em ser mulher.

Até há duzentos anos atrás a sobrevivência da espécie humana esteve dividida entre o papel do macho e o papel da fêmea humanos. A fêmea cuidava da prole e da subsistência doméstica e o macho caçava, lutava, trabalhava com as ferramentas que ele mesmo elaborava.

O trabalho era tão penoso que a humanidade vivia escravizando povos mais desorganizados e civilizações menos providas para explorar as poucas fontes de energia disponíveis.

Depois de muitos milênios cortando árvores, quebrando pedras, arrastando e empilhando massas, o macho inventou as máquinas para ajudá-lo a trabalhar com menor esforço físico e mental.

Foi somente com a descoberta pelo macho da eletricidade, da roda, do parafuso, do plano inclinado, da alavanca, da roldana, do machado, da Geometria, da Química que foi possível substituir o trabalho escravo pelo trabalho das máquinas.

Então a Inglaterra que fez a Revolução Industrial e por interesses comerciais foi a primeira a combater a escravidão humana para espalhar as suas máquinas-a-vapor pelo mundo.

Onde esteve a mulher todo este tempo, em que as guerras eram olho-a-olho enfiando a espada e a lança no ventre do inimigo e carregando o mundo nas costas e no lombo dos animais?

Respondo: sendo explorada pelo machismo, em casa, cuidando dos filhos e da alimentação enquanto o macho opressor carregava o mundo com lágrimas, suor e sangue.

O trabalho humano mudou muito hoje. Não existe a dependência da força bruta humana, as máquinas fazem quase tudo.

É este o mundo que as feministas reivindicam. Um mundinho sem trabalho braçal, sem sacrifício e sem suor.

Para justificar a sua histórica lerdeza e completo alheamento, alienação, desinteresse, inaptidão para o trabalho penoso e árduo na história da civilização, a mulher vem agora culpar o macho por não ter participado deste processo de progresso.

A mulher foi durante milhões de anos privilegiada sendo poupada de todo o labor árduo e perigoso, foi protegida e sustentada pelos trabalho masculino pesado.

Até hoje a mulher ainda foge do trabalho pesado e das áreas

duras e perigosas (Fórmula 1, motocross, Engenharia Elétrica, Surf, paraquedismo, Engenhara Mecânica, Física). Agora que o trabalho humano é exercido e desenvolvido atrás de uma máquina ou computador, quando até um paraplégico consegue dirigir uma carreta, um navio, um avião a mulher se apresenta toda faceira arrogando a sua condição de igualdade ignorando que o macho nunca foi nem será o seu algoz.

Exigimos pedidos de desculpas às feministas, por essa falsa acusação.

O Machões.

O macho está em extinção

Não é o que você está pensando.

Não é guerra dos sexos.

O macho é violento. Violento demais.

O macho está causando a sua própria extinção.

Normalmente nascem cerca de 51 bebês do sexo feminino para cada 50 bebês do sexo masculino.

Em algumas cidades, como em Salvador na Bahia, depois de dezoito anos, destes 51 bebês do sexo masculino nascidos estão vivos cerca de 40 machos, e todas as 51 meninas. Dez homens morreram pela violência.

Na outra cidade baiana de Eunápolis, a cidade brasileira com a mais alta taxa de violência juvenil do Brasil, a estatística fria esconde uma outra verdade: são os jovens negros que estão sendo dizimados. Não existe nenhum homem com nível superior em Eunápolis, as faculdades de Eunápolis têm 100% de mulheres matriculadas, existe nenhum homem matriculado em quaisquer dos cursos superiores ali.

São dados do IBGE.

No Rio de janeiro, são 87 machos para cada 100 mulheres aos dezoito anos de idade, quando nascem cerca de 102 meninas para cada 100 meninos.

Se as mulheres de verdade estão preocupadas pela preservação da espécie masculina, pensem bem: nas estatísticas de mortalidade violenta, morrem no Brasil cerca de 29 pessoas assassinadas para cada 100 mil habitantes, em média, nos lugares mais violentos este número é de 39 assassinatos para cada cem mil habitantes (Em Maceió são 91 homicídios para cada cem mil habitantes, 90% deles são de homens), sendo que são assassinados cerca de 28,6 machos para cada grupo de cem mil habitantes e cerca de 1,4 mulheres são assassinadas para cada grupo de 100 mil habitantes.

Ainda mais chocante pensar que morrem cerca de 2 homens negros assassinados para cada homem branco assassinado no Brasil.

É um genocídio racial. Etnocídio.

Para cada mulher assassinada onze homens brancos são assassinados e cerca de 22 homens negros são assassinados (0,9 gays serão assassinados no mesmo intervalo de tempo - *6% da população gay*)!

Se considerarmos que no Canadá são assassinados 1,9 pessoas para cada 100 mil habitantes e que na Noruega ou na Dinamarca são assassinadas 0,9 pessoas para cada 100 mil habitantes, infelizmente o número de mulheres assassinadas no Brasil para cada 100 mil habitantes é um número perfeitamente civilizado para o padrão de mortes em geral do Canadá, e apenas o dobro da Noruega ou Dinamarca, sendo que o número de negros assassinados no Brasil é cerca de mais de cem vezes maior!

Quem é a maior vítima da violência no Brasil: respondam mulheres, antes de começarem uma campanha contra a violência que nem de longe se aproxima de um genocídio.

Salvem os negros!

Salvem os machos!

Depois salvem as mulheres, Maria da Penha!

Políticas públicas desfocadas significam desperdício de recursos públicos. Políticas públicas não deveriam ser resultado de espasmos responsivos, e apenas satisfação pública à histeria coletiva. Alguém no Governo deveria ter a cabeça fria o suficiente para se deter diante de uma tragédia e parar de agir apenas responsivamente e fazer uma coisa no Brasil que quase nunca mais se fez depois de Roberto Campos: planejamento, obviamente seguido de estudos, seu companheiro inseparável.

Assim, por causa destas distorções vimos o surgimento das cotas raciais, depois ampliadas para cotas sociais, vimos o surgir das políticas de bolsas escolares, depois ampliadas para bolsa família. De soluço ou solução meia-boca em solução meia-boca vamos engatinhando para as verdadeiras respostas.

Enquanto o homicídio das mulheres é de apenas 10% do total de homicídios o Governo não implementa uma política de segurança para o restante dos assassinatos de homens que são de apenas 90% do total, prefere responder à histeria feminista com a Lei Maria da Penha diante do genocídio masculino de 90% dos machos, sendo que o crime maior de todos é o extermínio dos negros que são assassinados em número de 90% a mais do que os brancos. Isto sim é política pública de segurança, e não esta propaganda enganosa, distorcida, falsa, preconceituosa, caluniosa, manipuladora e mentirosa.

"Repita uma mentira muitas vezes e ela acaba se tornando uma grande verdade", Goebels, ministro da propaganda de Hitler!

Leis de exceção no Brasil desvirtuam a estratificação étnico-sexual-etário-geográfica

Políticas públicas desfocadas significam desperdício de recursos públicos.

Políticas públicas não deveriam ser resultado de espasmos responsivos, e apenas satisfação pública à histeria coletiva. Alguém no Governo deveria ter a cabeça fria o suficiente para se deter diante de uma tragédia e parar de agir apenas responsivamente para fazer uma coisa no Brasil que quase nunca mais se fez depois da era de Roberto Campos: planejamento, obviamente antecipado de estudos, seu insumo, requisito e companheiro inseparável.

Assim, por causa destas distorções político-estatísticas vimos o surgimento das cotas raciais, depois ampliadas para cotas sociais, vimos o surgir das políticas de bolsas escolares, depois ampliadas para bolsa família. De soluço ou solução meia-boca em solução meia-boca vamos engatinhando para as verdadeiras respostas.

Enquanto o homicídio das mulheres que é de apenas 10% do total de homicídios o Governo não implementa uma política de segurança geral para o restante dos assassinatos de homens que são "apenas" 90% do total, prefere-se responder à histeria feminista com a Lei Maria da Penha diante do genocídio masculino de 90% (do total de genocídio) nos machos, sendo que um dos maiores é o crime do extermínio étnico dos negros que são assassinados em número de 90% a mais do que os brancos. Isto sim seria política pública de segurança, e não esta propaganda enganosa, distorcida, falsa, preconceituosa, caluniosa, manipuladora e mentirosa.

O governo federal em 13 de março de 2013 lançou um programa para eliminar a violência contra a mulher ao custo de R$ 265 milhões para o período de dois anos para construirem-se em todas as capitais brasileiras casas ao custo unitário médio de R$ 4,3 milhões as "Casas da Mulher Brasileira" com tolerância zero.

Baseados nos dados de que houve no Brasil no ano anterior cerca de 70.200 casos de violência contra as mulheres, o que dá o indicador estatístico de 0,368 casos de violência para cada cem mil habitantes.

A diferença entre este número e o indicador de violência na cidade de Maceió que foi de 91 assassinatos (e não apenas violência) geral por cem mil habitantes explica melhor o que pode fazer a histeria nas políticas públicas despropositadas e desproporcionais!

Obviamente que este índice (0,3689 por cem mil habitantes) dificilmente será baixado, pois está abaixo do índice de violência de países como Dinamarca, Suécia e Finlândia!

Só vai diminuir a violência contra a mulher quando em vez de castigo se ensinar educação sentimental aos homens e mulheres. Quem está disposto a morrer não tem medo de matar. O coração desesperado e despedaçado não recua diante da ameaça da punição. Os talibans que o digam: Não se pune com sentença de morte o suicida-imanente.

Nada disso vai fazer recuar a violência contra a mulher se não for acompanhada de um treinamento e condicionamento do comportamento sentimental tanto do homem quando da mulher, pois assim continuarão sendo vítimas do amor mal tratado, do mal do amor desiludido.

Quando um homem mata o seu amor está tentando matar o mal que existe dentro da relação amorosa, jogando fora a água da banheira com o bebê junto.

Para viver o amor é preciso aprender a amar e o Estado precisa ensinar como o casal deve lidar com os sentimentos.

Punição não é solução, nem tampouco a remediação e o consolo dos corações e corpos dilacerados pelas dores e feridas do amor desenganado.

Os negros no país morrem quase duas vezes mais do que os brancos.

Entre os anos de 2002 e 2008, o número de homicídios de vítimas brancas cai no país, enquanto sobe o número de vítimas negras.

Segundo o estudo, no ano de 2002, morriam 45,8% a mais de negros do que de brancos, em 2005 esse número sobe para 67,1% e, em 2008, atinge o ápice de 103,4%, o que significa que para cada branco morto morrem dois negros.

A diferença de homicídios entre negros e brancos é maior na região Nordeste - onde a proporção é de um branco para cada dez negros vítimas de homicídio – e menor na região Sul, onde o número a proporção se inverte, não na mesma intensidade, mas na de um negro morto para cada quatro brancos mortos.

Não é de se estranhar esta diferença entre as duas regiões, pois no Nordeste há mais negros do que brancos e no Sul a população é majoritariamente branca.

O dobro de mortos negros em relação a brancos para o Brasil é um dado que confirma o que o Movimento Negro já vem denunciando há muito tempo: existe um genocídio da população negra no país. - Não quer dizer que aqueles morrem por serem negros, necessariamente.

Revela ainda que sejam necessárias políticas públicas específicas para esta população, que promovam a igualdade de oportunidades e de acesso aos direitos.

O Presidente do IPEA Marcelo Nery apresenta o balanço da lei do desarmamento depois de dez anos:

a) As vendas caíram de 57 mil para 37 mil armas de fogo;

b) Os homicídios caíram de 5,9%;

Nem é preciso fazer-se uma regressão linear múltipla estatística nem usar sofisticados cálculos para se descobrir a estupidez desta Lei.

Retiraram cerca de 35% das armas novas, e recolheram milhares de armas que estavam nas casas de pessoas decentes.

Os bandidos não compram armas em lojas, ficou provado isso.

Os bandidos não se abastecem de armas das pessoas decentes, ficou provado isso.

Os bandidos não se intimidaram com as penas de porte ilegal de armas, ficou provado isso.

O crime diminuiu (QUASE NADA) desproporcionalmente ao esforço do governo para combater os homicídios.

Mas, algum salafrário ainda vai argumentar que a população aumentou e que sem as leis de desarme e controle poderia ter sido pior.

Acontece que não se sabe se seria pior ou não por que não sou vidente, apenas conheço estes números.

Obrigado, Governo por mais esta lei que nos deixa desamparados diante dos criminosos os quais tem sempre a certeza de que na casa de um cidadão honesto nunca haverá uma arma de fogo a esperá-los.

PS.: Os EUA tem 50% a mais de habitantes que o Brasil, lá todos tem armas, mais de 300 milhões de armas para uma população de 300 milhões de habitantes, possuem um décimo de homicídios do Brasil. Obrigado pacifistas da internet, e revolucionários de pijama!
Leia mais:

http://jus.com.br/revista/texto/18646/homicidios-no-brasil-tem-naturalidade-idade-cor-e-sexo#ixzz2AQLeK3xH

Em relação ao sexo das vítimas, mantém-se a tendência já verificada em outros estudos multidimensionais.

As mulheres são menos vítimas de homicídios que os homens. Apenas 8% do total. E fizeram a Lei Maria da Penha para cuidar de 8% destas agressões, enquanto na população negra matam-se quarenta vezes mais do que as mulheres, imagine-se se fizesse-se uma Lei "draconiana" como a Lei Maria da Penha contra os assassinatos, agressões, e ameaças aos negros, haveria uma sesseção no País! Que horror! Fruto da histeria de Maria da Penha que recorreu à ONU para reclamar da demora de dez anos do seu julgamento, enquanto todo mundo espera por julgamentos neste prazo normal no Brasil, nada de excepcional, considerando tudo que foi dito sobre as estatísticas no Brasil sobre a violência.

Ainda que alguns estudos revelem um aumento de vítimas mulheres nos homicídios, não há ainda uma mudança no quadro histórico. "Essas taxas de homicídios enormemente díspares entre ambos os sexos está originando um forte desequilíbrio demográfico na distribuição por sexo da população, principalmente a partir dos 20 anos de idade". (Mapa da Violência 2011, p.61).

No Brasil, 92% das vítimas de homicídios em 2008 são homens. Em Salvador, Bahia, nascem 102 bebês do sexo masculino para cada 100 bebês do sexo feminino. Depois dos dezoito anos de idade a população é de 100 mulheres para cada 80 homens vivos: é um genocídio do gênero masculino! No Rio de Janeiro o número de adultos de dezoito anos é de 100 mulheres para cada 87 homens! Os homens estão sendo dizimados nesta guerra de gêneros!

GOMES, Luiz Flávio; LOCHE, Adriana. Homicídios no Brasil têm naturalidade, idade, cor e sexo. Jus Navigandi, Teresina, ano 16, n. 2807, 9 mar. 2011. Disponível em:

http://jus.com.br/revista/texto/18646 Acesso em: 26 out.
3912.

Leia mais:

http://jus.com.br/revista/texto/18646/homicidios-no-brasil-tem-
naturalidade-idade-cor-e-sexo#ixzz2AQMgM3dr

O Grupo Gay da Bahia, que há mais três décadas coleta
informações sobre homofobia no Brasil denuncia a
irresponsabilidade dos governos federal e estadual em
garantir a segurança da comunidade LGBT: a cada 33 horas
um homossexual brasileiro foi barbaramente assassinado em
2011, vítima da homofobia.

Foram documentados 266 assassinatos de gays, travestis e
lésbicas no Brasil no ano passado, seis a mais que em 2010,
um aumento 118% nos últimos seis anos (122 em 2007).

Os gays lideram os "homicídios": 162 (60%), seguidos de 98
travestis (37%) e sete lésbicas (3%).

Vamos considerar que TODOS esses assassinatos têm a ver
realmente com homofobia, mesmos os casos em que
travestis que se prostituem na rua são assassinados.

Um assassinato por dia e meio dá, arredondando para cima,
244 assassinatos por homofobia por ano. Considerando
(segundo os gays, e não o IBGE) que 10% da população
brasileira é homossexual, seriam 19 milhões os brasileiros

gays (na verdade os números estão inflacionados, seriam declaradamente gays 2,5% na população brasileira. (cerca de 4.250 mil gays na população brasileira)

Não é agredindo o Feliciano que a situação dos LGBT vai mudar. Aliás, agressão não é solução de nada!

Ser homem gay é um enorme risco de vida.

Os homens brancos no Brasil morrem assassinados a uma taxa 11 vezes maior do que as mulheres assassinadas!

Os homens negros morrem assassinados a uma taxa 22 vezes maior do que a de mulheres assassinadas!

Os homens gays morrem a uma taxa 60 vezes maior do que os homens brancos morrem assassinados!

Isso significa que o risco de assumir a sua condição de gay no Brasil é declaração de suicídio! Faça as contas: a taxa de homicídios de gays no Brasil é de cerca de 60 X 11 maior do que a taxa de homicídio das mulheres no Brasil! 660 vezes!

O cara ainda quer ser gay!

Homicídio de mulheres por cem mil

Brasília - Em 30 anos, o Brasil ultrapassou a marca de um milhão de vítimas de homicídio.

Dados do Mapa da Violência 2012, divulgado hoje (14) pelo Instituto Sangari, apontam que o número de homicídios passou de 13,9 em cem mil habitantes em 1980 para 39,9 em cem mil habitantes em 2010, o que representa um aumento de 259%. (estes números são uma média nacional, pois há Estados da Federação brasileira em que a taxa de homicídios chega a 45 em cem mil habitantes)

Com o crescimento da população nesses 30 anos, a taxa de homicídios anualizada média passou de 11,7 em cada grupo de 100 mil habitantes em 1980 para 26,2 em 2010.

De acordo com o relatório, a média anual de mortes por homicídio no país supera o número de vítimas de enfrentamentos armados no mundo. Entre 2004 e 2007, 169,5 mil pessoas morreram nos 12 maiores conflitos mundiais.

No Brasil, o número de mortes por homicídio nesse mesmo período foi 192,8 mil.

Também podemos observar que o crescimento efetivo acontece até o ano de 1996, período em que as taxas de homicídio feminino duplicam de forma exata.

A partir daquele ano, as taxas permanecem estabilizadas em torno de 4,5 homicídios para cada 100 mil mulheres para uma taxa geral de homicídios de 39,9 mil em 2010 no Brasil (10% de homicídios de mulheres em relação ao total de homicídios, vale dizer, são 90% dos homicídios de homens) -

(Para os gays são 6% de homicídios entre os LGBT o que significa que para os 15% da população que se declara como tal a taxa de homicídios de gays masculinos é de 6000 gays mortos para cada 100 mil gays!).

Pode-se observar também que, no primeiro ano de vigência efetiva da lei Maria da Penha em 2007, as taxas experimentam um leve decréscimo, voltando imediatamente aos patamares anteriores.

Distúrbios na área adolescente no Brasil

Enquanto o Estatuto da Criança e do Adolescente - ECA tenta os inocentar com o objetivo de proteger os menores em conflito com a lei: qual, quantas, quando e que recompensa prevê a Lei para os menores em situação de risco que preferem seguir às leis?

Que recompensa a sociedade provê para aqueles que ao invés de darem desculpas enfrentam as contingências desfavoráveis da existência, desvalidas sociais, econômicas, afetivas, legais, morais e políticas para cumprirem os seus deveres e obrigações?

O que vemos, em geral, são as pessoas se auto-justificando pelas atitudes anti-sociais sem assumirem as suas consequências, e sendo perdoadas e amparadas pelo sistema de compensações artificiais da sociedade que lhes perdoa e os descriminaliza de todos os pecados e faltas, são os carentes, os desassistidos, os excluídos, os pobres, os abandonados, os viciados, os mendigos, os desestruturados, sempre tem uma nobre justificativa para a situação social em que se encontram de tais modos fragilizados que tudo lhes é permitido fazerem e deixarem de fazer.

Orgulho negro besta!

Aí, vamos parar com esse negócio de "orgulho". Orgulho é um dos pecados capitais.

Humildade é virtude, orgulho é sofreguidão, arrogância, soberba, prepotência, presunção.

Nós temos é consciência de que somos apenas externamente diferentes.

Além do mais, a cor da pele não constitui nem constrói uma categoria analítica separada e homogênea: somos muito diferentes entre nós, negros: existem negros flamenguistas que detestam ou até odeiam outro negro por ser tricolor, "pó de arroz" como eu, considerado um time racista.

Existem negros homens que espancam e matam suas mulheres negras, as estupram, as roubam.

Existem negros cristãos, muçulmanos e agnósticos, que se enfrentam ferozmente.

Existem negros portadores de necessidades especiais que são estigmatizados por outros negros não portadores.

Existem negros ricos que discriminam outros negros por

serem pobres, enfim, nada nos une nem nos separa mais do que entre brancos ou negros ou qualquer outra etnia.

O fato de sermos negros não cria automaticamente uma afinidade nem solidariedade mecânica nem orgânica entre nós.

Aliás, nem nos faz cúmplices.

Deixe esse negócio de orgulho para aquele slogan dos nordestinos, cai melhor para eles.

Todos nós temos amigos, colegas de trabalho ou de escola e vizinhos gays. Nunca tivemos problemas que quaisquer segmentos diferenciados (anões, deficientes físicos, surdos, mudos, cegos, gordos, magros, asiáticos, índios, mendigos, viciados, neuróticos, Nerds) teriam na sociedade como eles, até que apareceram os militantes gays.

Oh desgraça de militância "politicamente correta". Não têm procuração para ficarem assestando a sua ira para a população e criando neologismos intimidatórios e até mesmo pejorativos adjetivados de fóbicos artificiais. O que vcs querem afinal, nos obrigar a sermos gays tb?

Quantos ministros, governadores, pais, avós são gays e preferem continuar no anonimato?

Somente os militantes gays exibicionistas saem às ruas para nos provocar e nos intimidar como se ninguém soubesse o que é um ser homossexual.

Não. O que eles querem é discutir uma matéria que tem o mesmo teor da discussão sobre sexo oral ou sexo vaginal, se deve ou engolir o esperma, ou se o orgasmo é vaginal ou labial, ou seja, coisas de foro completamente íntimo e reservado.

Ninguém tem dúvida de que um homossexual quer e deseja, mas eles querem, os exibicionistas militantes gays, atacar e desconstruir a heterossexualidade como coisa aberrante, antiga e ultrapassada.

Agora vem os idiotas criarem frases como orgulho disso, orgulho daquilo como se fosse virtude. Aprendi com Jesus que o maior dos pecados é a presunção e maior virtude é a humildade: "quem se exalta será humilhado, e quem se humilha será exaltado". Menos adjetivos e mais substantivos, se querem verdadeiramente valorizar e justificarem a causa.

Anatomia do cérebro feminino

Anatomia da fêmea humana (mulherana)

Um grande pintor e escultor, como Leonardo da Vinci, ao utilizar sempre um modelo vivo humano para retratar a mulher o faz por que nenhum ser humano poderia reproduzir todos os detalhes anatômicos perfeitos que distinguem o corpo e a forma feminina de memória, por ser extremamente, detalhadamente, sutil e facilmente escapável aos olhos desarmados de um micrômetro.

Os estudantes de anatomia, das artes plásticas, de Antropologia forense, ou de direito forense teriam detalhado as diferenças sutis e determinantes da anatomia no dimorfismo sexual que identifica e distingue as características de identidade sexual de uma ossada para determinar o sexo do objeto em exame.

Comparando os crânios de um macho e de uma fêmea humanos as diferenças medidas com o auxílio de micrômetros, paquímetros e outros instrumentos de medição de alta precisão saltam aos olhos com as suas diferenças anatômicas extrínsecas e as intrínsecas.

O que desejo destacar são aquelas diferenças anatômicas evolutivas derivadas do processo da seleção natural das espécies que se discreparam na espécie através da evolução funcional provocada exclusivamente das adaptações ao meio ambiente provocadas e selecionadas pelas condições naturais e culturais que se transfixaram à anatomia feminina de maneira análoga àquelas percebidas em determinadas espécies pelas mesmas características funcionais encontradas nas espécies que assim conseguiram maior sucesso reprodutivo em função das mudanças e das demandas ambientais.

Os estudiosos da adaptação anatômica evolutiva nas espécies produzida pelo processo de seleção natural na chamada evolução das espécies de Charles Darwin, que ainda não foram refutadas nem substituídas entre as teorias das espécies, separam as espécies animais além das divisões em filo, classe, ordem, espécie, em uma outra variante de divisão entre todos os seres animais baseadas no comportamento com relação a ser o indivíduo caçador ou caça, ou, consequentemente, carnívoro ou herbívoro. Segundo os zoólogos: "O número de gêneros e espécies segue Wozencraft in Wilson e Reeder (2005), totalizando: 126 gêneros e 286 espécies."

Efeito (hipotético) da plasticidade fenotípica é que duas populações clonais (geneticamente idênticas) expostas cada uma à diferentes desafios ambientais, apresentam respostas (no decorrer das gerações) diferentes entre si a fim de sobreviver e se perpetuar em ambos os ambientes.

Essa igualdade na capacidade de lidar com os diferentes desafios é resultado, portanto, de um mesmo conjunto de genes (já que as populações originais são geneticamente iguais), e assim, os efeitos seletivos dos desafios ambientais são amortecidos, resultando (teoricamente) numa menor taxa evolutiva (considere que ambos os ambientes acabam por selecionar o mesmo conjunto de genes), e um único e homogêneo conjunto de genes. Em uma situação inversa, onde as populações clonais não apresentam nenhuma plasticidade fenotípica, cada ambiente selecionaria um conjunto particular de genes para lidar com seus desafios particulares, criando dois conjuntos diferentes de genes a partir de um conjunto inicial.

É bom notar que a plasticidade fenotípica é uma propriedade morfo-fisiológica fundamentada em um próprio conjuntos de genes, portanto é per se (teoricamente) selecionável pela seleção natural, a qual (no decorrer de gerações) pode tornar uma população mais ou menos capaz de apresentar a plasticidade fenotípica.

A habilidade de um organismo em monitorar e responder à mudança ambiental é crítica para a sobrevivência em habitats complexos. Nossos dois principais sistemas sensoriais, os sistemas nervoso e imune, nos permite regular desenvolvimentalmente nosso corpo em resposta aos estímulos ambientais.

A plasticidade fenotípica pode ser dividida em dois tipos principais: polifenismo e regras de reação.

• Polifenismo

O polifenismo refere-se a fenótipos descontínuos comandados pelo ambiente. Um bom exemplo para ilustrar tal fato é o dos gafanhotos migratórios, os quais existem em duas formas mutuamente exclusivas: a fase solitária de asas curtas e coloração uniforme e a fase gregária de asas longas e cores brilhantes. O meio ambiente, nesse caso principalmente a densidade populacional determina qual será a morfologia do jovem gafanhoto. De maneira análoga, as ninfas de gafanhotos de plantas podem desenvolverem-se de duas maneiras, dependendo das condições ambientais. Altas densidade populacionais e certas comunidades botânicas induzem a produção de insetos migratórios, onde o terceiro segmento torácico dá origem a uma grande asa posterior. Em contrapartida, densidade populacional baixa e outras plantas alimentícias levam ao desenvolvimento de sugadores de plantas, não voadores, onde o terceiro segmento torácico desenvolve-se em uma asa vestigial semelhante a um haltere. Outro exemplo clássico do polifenismo é a mudança sazonal da coloração do pêlo de animais árticos. Apesar do polifenismo sazonal ser geralmente considerado como adaptativo, existem certas ocasiões que não há aumento da aptidão do organismo. Por exemplo, o fotoperíodo pode fazer com que o pêlo da lebre mude de marrom para branco, mas se não houver neve, a lebre ficara conspícua em um segundo plano escuro.

• Norma de reação

Em alguns casos, o genoma codifica uma variedade potencial de fenótipos, e o ambiente seleciona aquele fenótipo que usualmente é o mais adaptativo. Por exemplo, exercício intenso e constante pode fazer com que os músculos aumentem de tamanho; mas existe um limite geneticamente definido que determina o quanto a hipertrofia é possível. Analogamente, o micro-habitat de uma salamandra jovem pode causar sua mudança de cor (novamente, dentro de limites geneticamente definidos). Essa variação contínua de fenótipos expressos por um único genótipo através de uma série de condições ambientais é chamada de norma de reação . A norma de reação é, portanto, uma propriedade do genoma e pode também ser selecionada. É de se esperar que diferentes genótipos sejam diferentes na direção e quantidade de plasticidade que serão capazes de expressar. A extensão pela qual normas de reação podem ser herdadas fornece a base para a evolução da plasticidade fenotípica.

Nem todo polifenismo é controlado pelas estações. Nas

abelhas, o tamanho da larva fêmea na muda pupal determina se o indivíduo será uma operária ou uma rainha. A larva que é alimentada com "geleia real", rica em nutrientes, retém a atividade da sua corpora allata durante o estágio do último instar. O hormônio juvenil secretado por esses órgãos atrasa a pupação, fazendo com que a abelha emergente seja maior e (em algumas espécies) mais especializada em sua anatomia. Os níveis de hormônio juvenil em larvas destina das a se tornar rainha é 25 vezes maior que o título das destinadas a serem operárias, e a aplicação desse hormônio em larvas operárias pode transformá-las em rainhas.

Analogamente, colônias de formigas são predominantemente fêmeas, e essas podem ser extremamente polimórficas. Os dois tipos principais de fêmeas são a operária e a gine. A gine é uma rainha em potencial. Em espécies mais especializadas, também se observa uma operária maior, o soldado. Na Pheidole bicarinata, essas castas são determinadas pelos níveis de hormônio juvenil nas larvas em desenvolvimento. Larvas recebendo alimento rico em proteínas têm um título elevado de hormônio juvenil que causa uma abrupta mudança no desenvolvimento que "reprograma" o tamanho no qual as larvas iniciarão a metamorfose. Isso causa uma grande e descontínua diferença de tamanho entre as castas de soldados e operárias, com a cabeça e as mandíbulas crescendo mais rapidamente do que o resto do corpo. Essa reprogramação também envolve mudanças na atividade gênica, pois as proteínas cuticulares das operárias e dos soldados são diferentes.

A plasticidade fenotípica confere ao indivíduo a habilidade para responder às diferentes condições ambientais. Diferentes fenótipos se adaptam melhor em diferentes ambientes. No sapo pé de espada, a forma de rápido desenvolvimento é mais adequada para lagoas que secam rapidamente, mas os sapos de desenvolvimento lento (os quais se desenvolvem em sapos maiores, e mais robustos) são mais adequados para condições com mais água. Existe um custo nessa plasticidade fenotípica, mas é assegurado que sempre alguns animais sobreviverão em cada condição.

Evolução divergente ou divergência evolutiva ocorre quando duas ou mais características biológicas tem uma origem evolutiva comum, mas que divergiram ao longo da sua história evolutiva. Isto também é conhecido como adaptação ou evolução adaptativa. Estes caracteres podem ser estruturas visíveis de diferentes espécies ou entidades moleculares, como genes ou um ciclo bioquímico. Este é um tipo de relação que é observada na biologia evolutiva. Populações da mesma espécie, por migração ou outro evento, acabam ocupar habitats com condições diferentes. Ao longo de gerações, as diferentes pressões ambientais fazem com que a seleção natural atue de maneira diferente nos dois grupos, levando a divergência das funções de órgãos, estruturas, genes. Dado tempo suficiente, estas diferenças eventualmente levam à especiação.

O termo divergência foi empregado pela primeira vez no livro A origem das espécies (On the Origem of Species – no original inglês), publicado em 1859. O livro A origem das espécies foi escrito pelo naturalista inglês Charles Robert Darwin (1809-1882) com base nas experiências adquiridas em sua viagem a bordo do navio inglês HMS Beagle, que durou quatro anos e nove meses, dois terços dos quais Darwin esteve em terra firme. Durante sua viagem ele estudou uma grande variedade de espécies até então desconhecidas para a ciência. Percorreu os continentes americano, africano e asiático, além da Oceania e as famosas ilhas Galápagos, onde pode observar a variação de características de uma mesma espécie entre as diversas ilhas do arquipélago.

Quando Charles Robert Darwin escreveu sua obra reconhecida mundialmente nos dias de hoje, denominada como A Origem das Espécies, ele lançou a teoria do Princípio da Divergência dos Caracteres[1],onde explicava o processo de evolução e adaptação dos seres vivos. O Princípio da Divergência dos Caracteres chamou a atenção pela primeira vez para as pequenas diferenças físicas, que a princípio mal não podiam ser percebidas, mas que se somavam até tornarem nítidas, distinguindo assim as espécies entre si em relação ao seu ancestral mais comum. Constatou então que, quanto mais diversificado se tornam os indivíduos de uma espécie mesma no que se refere à uma determinada estrutura, constituição ou hábitos, tanto mais esta espécie estará capacitada a predominar em um habitat muito mais amplo e diferente dos demais, ocupando, por conseguinte, distintas áreas existentes na natureza e enfim, podendo de te tal modo se reproduzir por meios completos e amplos. Se em algum período da história de vida de certas populações da mesma espécie, seja por migração, ou devido algum acontecimento geológico ou ainda por outro tipo de evento, ocupa habitats com condições diferentes, pode ocorrer ao longo das gerações, devido às diferentes pressões ambientais um processo de seleção natural que atue de maneira diferente nos dois grupos, levando a divergência das funções de órgãos, genes e estruturas desta espécie.

Da mesma forma , a competição entre os indivíduos semelhantes levará à evolução da espécie, com o surgimento de novas adaptações, para que estas reduzam a intensidade desta competição. Também é importante frisar que à medida que ocorrem mudanças no ambiente e nas espécies que estão competindo, estas espécies desenvolverão, da mesma forma, novas adaptações.

Essas adaptações são consideradas como resultado da seleção natural sobre os indivíduos de mesma uma população que apresentam adaptações vantajosas ou que, quando migram para um novo ambiente, são selecionados por serem aqueles indivíduos que possuem características que os tornam mais adaptados a este novo meio. Depois de um determinado período de tempo, estas diferenças serão tão grandes entre os indivíduos que impossibilitarão o cruzamento entre eles. São estas diferenças que eventualmente levam ao que chamamos de especiação. A substituição das características evidencia que a competição pode causar divergências entre espécies estreitamente relacionadas. e que grande parte da diversidade da vida pode ter surgido através de sucessivos processos de sessões de radiação adaptativa e que a concorrência de recursos naturais e predação podem se sugeridos como mecanismos de condução deste processo.

É possível afirmar que a competição é mais forte quando ela é intra-específica, que são aqueles tipos de relações que ocorrem entre indivíduos da mesma espécie, pois de certo modo uma determinada espécie só vai ter um competidor que explore os mesmo recursos como: comer do mesmo alimento, no mesmo horário, no mesmo local, se ele for geralmente da mesma espécie. Para que esse problema de competição possa ser alterado, uma forma de resolver esta situação é tornar-se diferente de seu competidor. A competição entre os indivíduos semelhantes levará à evolução, de novas adaptações, que reduzam a intensidade da competição, desta forma o resultado será a divergência. Assim a substituição de características evidencia que a competição pode, e é um fator causador da divergência entre espécies que se mantêm estreitamente relacionadas.

Assim sendo, todas estas modificações das estruturas podem ser consideradas como o resultado da seleção natural sobre indivíduos de uma mesma população que apresentam adaptações mais vantajosas ou que, quando migram para um novo ambiente, são selecionados porque possuem características que os tornam mais adaptados a esse meio.

O crânio dos caçadores:

O crânio é um invólucro de tecidos mais ou menos rígidos que, nos animais do clade Craniata (a que pertencem os vertebrados e outros de filogenia próxima), envolve o cérebro, os órgãos do olfato, da visão, o ouvido interno e serve de suporte aos órgãos externos dos aparelhos respiratório e digestivo.

Pode considerar-se formado por duas partes principais que, aparentemente correspondem a duas etapas da evolução:

• a caixa craniana ou neurocrânio – a parte que envolve o cérebro e os órgãos dos sentidos (com excepção do paladar); e

• o maciço frontal, esplancnocrânio ou branchiocranio – a parte que suporta a boca e o aparelho branquial.

Ao longo da filogênese foram-se estabelecendo relações cada vez mais estreitas entre estas duas partes do crânio, através de articulações chamadas "suspensões":

• Suspensão anfistílica – em que tanto o palato-quadrado como o iomandibular se articulam com o neurocrânio, como em alguns peixes Chondrichthyes;

• Suspensão iostílica – em que apenas o iomandibular se

articula com o neurocrânio, como na maior parte dos peixes, incluindo alguns tubarões e no esturjão;

• Suspensão autostílica – em que o neurocrânio e o esplancnocrânio tendem a fundir-se como na maior parte dos tetrápodes.

As modificações evolutivas do esplancnocrânio reflectem as do I e II arcos viscerais durante a ontogénese. O osso iomandibular (porção dorsal do II arco visceral) é o que, nos peixes participação na suspensão iostílica; nos anfíbios, répteis e aves o II arco visceral transforma-se no primeiro dos três ossinhos do ouvido médio (columella), enquanto que o I arco visceral mantém a sua função de sustentar a abertura bucal; nos mamíferos, o articular e o quadrado, provenientes do I arco visceral, transformam-se no martelo e no estribo, completando assim a cadeia de ossinhos do ouvido médio.

Nos mamíferos, a articulação maxilo-mandibular forma-se a partir do dental e da escamado temporal. Nos répteis e mamíferos, as coanas (interior das narinas) passaram para a parte de trás da cavidade bucal para a formação do palato secundário, septo ósseo que separa as vias respiratórias do tubo digestivo. Nas aves, o palato secundário tende a desaparecer, provavelmente pela falta de dentes e existência do bico.

As fenestra temporais são características anatômicas do crânio amniota, caracterizada por buracos bilateralmente simétricos (fenestra) no osso temporal. Dependendo da linhagem de um animal, dois, um, ou nenhum par de fenestra temporal pode estar presente, em cima ou abaixo dos ossos pós-orbitais e esquamosal. As fenestras temporais superiores também são conhecidos como fenestra supratemporal, e as fenestras temporais mais baixas também são conhecidas como fenestra infratemporal. A presença e a morfologia da fenestra temporal é indispensável para a classificação taxonômica dos sinápsidas, do qual os mamíferos fazem parte.

A especulação fisiológica a associa com uma subida a taxas metabólicas e um aumento na musculatura da maxila. Antes do Carbonífero amniotas mais antigos não tinham fenestras temporais mas sauropsidas e sinápsidas mais avançados tinham. Com o passar do tempo, a fenestra temporal dos sauropsidas e sinápsidas ficou mais modificada e maior para dar mordidas mais fortes com mais músculos na maxila. Os dinossauros, que são sauropsidas, tem grandes aberturas e os seus descendentes, os pássaros, tem fenestras temporais que foram modificadas. Os mamíferos, que são sinápsidas, não possuem nenhuma abertura fenestral no crânio, no entanto o traço foi modificado. Os mamíferos realmente, ainda possuem entretanto, a órbita temporal (que se parece com uma abertura) e os músculos temporais. Ele é um buraco na cabeça e está situado no reverso da órbita atrás do olho.

Há quatro tipo de fenestrações temporais no crânio dos amniotas, classificadas quanto ao número e posição da fenestra:

• Crânio anápsido - sem aberturas temporais; tipo mais primitivo; exemplo: Testudines.

• Crânio diápsido - duas aberturas temporais, uma superior entre o pariental, esquamosal e pós-orbital, e uma inferior entre o pós-orbital, jugal, quadrado-jugal e esquamosal; exemplo Aves e Dinossauros.

• Crânio euriápsido - uma abertura temporal superior, localizada entre os ossos pariental, pós-orbital e esquamosal; exemplo Plesiosauria.

• Crânio sinápsido - uma abertura temporal inferior, situada entre os ossos esquamosal, pós-orbital, jugal e quadrado-jugal; exemplo Synapsida e Mammalia

• Nos seres humanos, o crânio adulto é normalmente composto de 22 ossos. Exceto a mandíbula, todos os outros ossos do crânio estão ligados por suturas rígidas, permitindo articulações de pouco movimento. Oito ossos formam a neurocranium (braincase)-incluindo o frontal, parietal, occipital, esfenóide, temporal e etimóide — uma abóbada protectora em torno do cérebro. Catorze ossos formam a splanchnocranium, apoiando os ossos da face. Nham dentro dos ossos temporais são as seis ossicles de orelha a orelha média, embora estas não façam parte do crânio. O osso hióide, apoiando a língua, não é normalmente considerado como parte do crânio, uma vez que não se articulam com qualquer outro.

• O crânio do seio contém as cavidades, que estão cheios de

ar revestidas de epitélio respiratório, como também as grandes linhas vias respiratórias. As funções dos ossos dos seios não são claras; elas podem contribuir para diminuir o peso do crânio com uma pequena diminuição da força, ou podem ser importantes para a melhoria da ressonância da voz. Em alguns animais, tais como o elefante, os seios são extensos. O crânio do elefante precisa ser muito grande, de modo a formar um atalho para os músculos do pescoço e tronco, mas também é inesperadamente a luz, a relativamente pequena fuga de caso é cercada por grandes seios que reduzem o peso.

• As meninges são as três camadas, ou membranas, que circundam as estruturas do sistema nervoso. Elas são conhecidas como a dura-máter, a aracnóide e da pia-mater. Diferentemente de serem classificados juntos, eles têm pouco em comum um com o outro.

• No ser humano, a posição anatômica para o crânio é o avião Frankfurt, onde as margens de lucro mais baixas as órbitas e as fronteiras superior da orelha canais estão todos em um plano horizontal. Esta é a posição em que o corpo fica em pé e olha diretamente para a frente. Para fins de comparação, os crânios de outras espécies, nomeadamente primatas e hominídeos, às vezes podem ser estudados em Francoforteo. No entanto, isso nem sempre equivale a uma postura natural na vida.

Há articulações quase completamente do tipo imóvel, exceto aquelas que ligam o topo da coluna vertebral e a mandíbula ao osso temporal.

É constituída por oito ossos:

• osso etmóide - ímpar, mediano e simétrico

• osso frontal - ímpar, mediano e simétrico

• osso occipital - ímpar, mediano e simétrico

• osso parietal - par e lateral

• osso esfenóide - ímpar, mediano e simétrico

• osso temporal - par, lateral e assimétrico

A caixa craniana é constituída por uma base (osso ocipital, osso temporal, o esfenóide, etmóide e frontal) e por um tempo (o osso temporal, o osso parietal da parte da esfenóide e frontal do ocipício).

Os ossos que compõe a caixa craniana e o maciço frontal são unidos através do sinartrosi, quase sempre sutura que podem ser do tipo dentato, escamoso, harmônico ou conjunto. Ele dá o nome de bregma ao ponto de articulação entre as suturas sagitais e as suturas coronais, que corresponde a fronte anterior do bebê e ao crânio em adultos. O ponto de interseção da sutura satigal com a lambdoidea se chama lambda. Nos recém-nascidos, a caixa craniana ainda não está completamente formada. Os pontos ainda não soldados são aqueles frontais em cima da testa, e os outros para trás e menores (inferiores a um centímetro) se formam após uma semana de vida.

O crânio dos recém-nascidos não estão completamente formados por duas razões:

1. para permitir que a cabeça da criança, durante o parto, saia sem maiores dificuldades dos ossos da bacia da mãe, para passar livremente;

2. e para permitir que os ossos cranianos se adaptem na mesma rapidez com que o cérebro cresce.

Na verdade, a fonte no topo da cabeça começa a fechar após os seis meses de vida e termina seu fechamento em torna dos dezoito meses de existência da criança.

As fenestras temporais são características anatômicas do crânio da amniota, caracterizada por buracos bilateralmente simétricos (fenestrae) no osso temporal. Dependendo da linhagem de um determinado animal, podem estar presentes dois, um ou um número ímpar de fenestra temporal, acima ou abaixo dos ossos pós-orbital ou escamosal. As partes superiores da fenestra temporal também são conhecidas como fenestra supratemporal, enquanto que os fenestras temporais menores são chamados de fenestras infratemporais. A presença e a morfologia da fenestra temporal é fundamental para a classificação taxonômica das sinápsidas, da qual os mamíferos fazem parte.

As especulações fisiológicas associam-na com um aumento da taxa metabólica e um reforço em sua musculatura maxilar.

Quanto mais cedo as amniotas dos Carboníferos não tiverem fenestras temporais os mais avançados sauropsidíos e sinapsidíos terão. A medida que o tempo foi avançado, as fenestras temporais dos sauropsídios e dos sinapsídios alterou sua estrutura, tornando mais forte os músculos de sua mandíbula para uma maior precisão nas mordidas. Os dinossauros, que são sauropsídios, possuem longas aberturas avançados e os seus descendentes, os pássaros, têm fenestras temporais que se modificaram ao longo dos anos. Os pássaros, porém, também possuem a órbita temporal (que é semelhante a uma abertura) e músculos temporais, que pode ser observado como um buraco na cabeça situado para a retaguarda da órbita atrás dos olhos.

Existem quatro ttipos de crânio amniota, classificados pelo número e localização de suas fenestras. Estes são:

• Anapsida - sem aberturas

• Sinápsida - uma abertura baixa (abaixo dos ossos pós-orbital e esquamosal)

• Euryapsida - uma abertura alta (acima dos ossos pós-orbital e esquamosal); one high opening (above the postorbital and squamosal bones); atualmente, os euryapsids evoluiram de uma configuração diápsida, e perderam sua menor fenestra temporal.

• Diapsida - duas aberturas

Suas evoluções estão relacionadas a seguir:

- Amniota

o Classe Sinápsida

♣ Ordem Therapsida

♣ Classe Mammalia - mamíferos

o Classe Sauropsida - répteis

♣ Subclasse Anapsida

♣ (sem classificação) Eureptilia

♣ Subclasse Diapsida

♣ (sem classificação) Euryapsida

Classe Aves - pássaros

Qual a conclusão que interessa aqui neste estudo anatômico do dimorfismo funcional sexual intraespecífico da espécie homo sapiens, ou seja: deseja-se destacar uma importante variação craniana entre o homem e a mulher fruto da disposição da órbita ocular craniana a qual foi o resultado do processo evolutivo funcional que foi determinado pela atividade vital para a sobrevivência da espécie humana.

Como se pode observar, os olhos dos caçadores, sejam eles carnívoros ou não, estão voltados para frente, paralelamente, para facilitar a paralaxe da visão, que permite calcular a distância da vítima em detrimento da vigilância tão cara às espécies que caçam.

Olhos voltados para as laterais, como nos peixes não-carnívoros, com também nas aves não carnívoras, e em outras espécies não carnívoras, foram adaptações evolutivas para permitirem uma melhor vigilância contra os predadores, permitindo que os seus cérebros processassem informações diferentes, simultaneamente, para lhes cobrirem o campo de visão periférico e observarem coisas diferentes de modo panorâmico e em alto grau de discrição. Esta era a principal arma de defesa de sobrevivência enquanto candidato à caça, ou para evitar ser a comida dos animais e espécies caçadoras ou carnívoras, em geral.

Olhos voltados para frente, como nos leões, peixes carnívoros e outras aves carnívoras como as águias, as corujas, indicam a necessidade de focar e concentrar a atenção do cérebro no único alvo, podendo calcular a distância precisa para dar o bote certeiro na vítima.

Observando o desenho das caixas cranianas dos homens e das mulheres nota-se uma ligeira diferença anatômica que permite concluir que os olhos das fêmeas humanas serem ligeiramente voltados para as laterais. Ao contrário das órbitas dos olhos masculinos ligeiramente mais centrados para frente do que os olhos das fêmeas. O globos oculares femininos são ligeiramente mais salientes, mais saltados para frente, ao contrário dos oculares masculinos, que são mais paralelos, concentrados como nos carnívoros caçadores.

A conclusão a que se quer chegar é a de que não se pode esperar que milhares de anos de comportamento social de caçador do macho da espécie homo sapiens que indicam que, ao contrário do comportamento social da fêmea homo sapiens, definiu que o comportamento de caçador do macho determinou uma importante diferenciação genética e de plasticidade fenotípica adaptativa entre macho e fêmea humanos.

Era essa a prova suficiente para se confrontar e debater a capacidade evolutiva do macho em concentrar-se mais do que a fêmea, a capacidade evolutiva da fêmea em permanecer mais em vigília periférica sem ter que concentrar-se em um único objeto alvo de vigilância. Foram características evolutivas polifenísticas que se transfixaram da cultura para o genótipo do macho e da fêmea humanas, respectivamente.

A Revolução da Luta-de-classes a partir do Feminizmo

A reprodução do círculo vicioso ou a libertação da mulher, gênero, da opressão machista, econômica, pessoal, profissional e política, e a sua emancipação poderá resultar, a longo prazo, em retrocesso: Como evitar este círculo vicioso será o tema deste ensaio. Pergunta-se: como poderá este círculo virtuoso desenhado pelas feministas emancipadas reproduzir-se, para perpetuar-se e garantir às novas gerações, sem a prole? Todo o esforço de cinco gerações de feminazistas e mulheres emancipadas pode ir por água-a-baixo, (poderá ser perdido). Simplesmente porque as mulheres vitoriosas na guerra dos sexos são demograficamente minoritárias por causa do número de descendentes remanescentes, por causa do alto custo de reprodução, se comparada à prole daquelas mulheres que, majoritariamente, não aderiram ao emancipacionismo feminista por faltar-lhes principalmente capital humano para investirem na sua emancipação econômica e intelectual, cuja prole mais numerosa do que a prole das feminazistas, acaba por torná-las majoritárias demograficamente.

Ao contrário das mulheres emancipadas, vitoriosas, que via-de-regra não deixa prole, as proletárias não-emancipadas que deixam numerosa prole acabam reproduzindo a situação anterior à emancipação feminina, anulando todo o avanço das feminazistas. Duas condições objetivas são determinantes para isso:

a) Falta-lhes tempo para cuidarem da prole;

b) O altíssimo custo do longo financiamento do ócio produtivo exigido pela preparação escolar para reproduzir o status feminista;

c) A sua prole tende a ser menor do que a prole das não-feministas, em torno de 1 filho.

Condições subjetivas determinantes para isso:

a) Mulheres emancipadas são androfóbicas; (não têm parceiros masculinos durante a maior parte de sua vida economicamente produtiva);

b) Mulheres emancipadas rejeitam o casamento ou o consorciamento com parceiro deixando de compartilhar outra fonte de recursos materiais;

c) O custo não pode ser dividido e assim os investimentos são replicados nesta célula uni familiar tornando os custos fixos e variáveis mais altos de subsistência e de investimentos na prole, em geral.

Torna-se contraditório que o final deste ciclo de emancipação feminazista será a perda de todo o esforço de cinco gerações de feminazistas e de movimentos emancipatórios da mulher.

Como se previu através da teoria do economista italiano Vilfredo Paretto da "Circulação das Elites" a solução viria da necessária suplementação das classes inferiores, das proletárias não-emancipadas, e dos casais convencionais não-feministas formados de modo tradicional. A alternativa a isso seria uma oligarquia, um matriarcado oligárquico, das feministas, criando um status quo semelhante ao anterior à fase da Revolução Francesa. Teríamos uma nova Queda da Bastilha?

Teríamos uma nova Revolução dos proletários, numa luta-de-classes?

Seria a Revolução dos Proletários com implantação da Ditadura do Proletariado. Assim, com esta quebra do contrato social, e de papéis sociais a sociedade feminista produziria as condições objetivas para a sua própria autodestruição da reprodução da gestão do fim da opressão dos gêneros, e de classes, de quebra, por sinestesia.

A geração convencional do proletariado e a classe-média não-feminista é que criaram as condições objetivas e subjetivas para o feminismo revolucionário. Então, as contradições internas do sistema machista e sexista, novamente gerariam a revolução feminista, o que seria a salvação do ciclo feminazista na estrutura societal.

A falência do macho

Não pense que estou me referindo ao machão, aquele tipo exacerbado da espécie masculina, estereotipado e deformado por anabolizantes e pelas recaídas hormonais causadas pelo excesso de excitações testosterônicas, não, estou falando do tipo normal que quer ser o mais discreto possível e que acredita ainda na superioridade desta outra metade da espécie que se chamou um dia de *homo sapiens*, hoje melhor seria chamá-la de *femeal sapiens*.

É o crepúsculo do macho que se avizinha. Já se foi o tempo em que ser macho era sinônimo de arrojo e perícia, para não falar de inteligência e pioneirismo em todos os aspectos mais dinâmicos das atividades humanas da nossa civilização e das culturas em todos os continentes e em todos os tempos.

Não. Esta Era está encerrada, definitivamente, pois que a mulher, assumiu o protagonismo da humanidade.

As empresas de seguro de acidentes foram as primeiras a perceberem e a darem oportunidade às mulheres para obterem vantagens desta nova realidade. Os legisladores perceberam há muito tempo que as mulheres deveriam cuidar da prole quando o casal se dissolve, os filhos preferem a companhia de suas mães à de seus pais masculinos.

Quando se procura uma mão-de-obra cuidadosa, precisa, atenciosa, delicada, paciente e complexa, se recorre ao recrutamento das operárias e tecnólogas.

As estatísticas do INEP-MEC são devastadoras para a subespécie masculina: as meninas tem o melhor desempenho global de notas no ensino Fundamental; no ensino médio é uma avalanche de vantagens para as meninas-alunas em relação aos meninos-alunos.

A evasão escolar dos meninos, no ensino médio, é o dobro da evasão escolar das meninas, e a defasagem de notas é ainda maior em favor das meninas.

Prosseguido, as meninas já são maioria nos cursos superiores, nas pós-graduações que incluem especialização, mestrado e doutorado. Onde também o desempenho acadêmico das mulheres é superior ao de homens.

Em algumas profissões já existe a hegemonia feminina

indiscutível no Brasil, são elas a maioria das advogadas, médicas, enfermeiras, professoras, diretoras pedagógicas, empresárias médias e micros, só ainda não superaram os homens nos cursos de engenharia em geral, mas são maioria nos cursos de Matemática e Estatística.

O que falta para elas assumirem o controle da sociedade? Só tempo. É uma questão de tempo para o Brasil e o mundo virarem uma Islândia ou uma Suécia

.

Não resta nada ao macho a não ser aceitar e acatar a marcha irreversível da redenção ou vingança feminina, com ou sem a interferência masculina, é inelutável.

O avanço desta estatística talvez nos explique o avanço da homoafetividade na sociedade, visto que o mundo se torna cada vez mais feminino, o estilo feminino de ser se transforma no modelo de comportamento social e de símbolo de sucesso profissional e pessoal.

Vivemos uma nova era de incerteza nas relações de gênero, étnicas, religiosa e nacionais.

Explico.

O mundo tal como o conhecemos hoje foi um mundo formatado pelo macho branco, cristão e ocidental. Todas as conquistas científicas, intelectuais, sociais, morais e artísticas foram o resultado do trabalho em 99,9% dos machos, brancos, cristãos e ocidentais da espécie terrestre.

Nada de orientais, dos negros, asiáticos, muçulmanos e outros credos, e das mulheres nas listas de inventores, descobridores, teóricos, filósofos, artistas na criação da cultura do mundo. Estes excluídos não participaram da construção da cultura humana de forma relevante.

Como será o mundo daqui pra frente com as mulheres, os orientais, muçulmanos, budista, e os negros no protagonismo do mundo?

Esta será a quadricentésima vez que leio um manifesto feminista e reproduzo este excerto sem ainda lograr uma refutação a altura! Aqui vai:

"Bem que eu exultaria em concordar que a mulher chegou lá!

Adoro torcer pelos oprimidos, até por solidariedade mecânica, pois sou negro e sei o que é isso.

Os politicamente inocentes criaram um falso clima de que a mulher finalmente chegou lá!

Quem dera que fosse verdade!

Nós os negros e as mulheres temos uma enorme caminhada a percorrer para provarmos a nossa competência diante da dianteira do homem branco ocidental.

Os homens criaram praticamente tudo que existe na vida moderna sem permitir a menor participação feminina, pois

criaram, entre outras coisas: Submarino; Navio a vapor
Aviões Automóveis Computador Sistemas Operacionais
digitalizados e analógicos para dispositivos
computadorizados Helicópteros hélice Geradores elétricos
Solda Elétrica Caneta esferográfica Máquina de lavar roupa
Secadores de cabelo Chapinha elétrica de cerâmica
Microprocessadores de semicondutor.

Inventaram, descobriram a Física, Química Matemática
Geografia Filosofia Psicologia Medicina Antropologia
Sociologia Astronáutica Astrologia Engenharias e enfim, não
deixaram quase nada para as mulheres descobrirem ou
inventarem.

Este fato deixou as mulheres em uma situação tal que as
mesmas encontram-se sem condições de provarem as suas
qualidades intelectuais por total ausência de qualquer
oportunidade deixada pelos machos.

Não existe nenhum fato histórico comprovando a teoria de
que o homem oprimiu historicamente a mulher deixando-a
neste estado de total submissão e desimportância tal que
precisou de um movimento internacional de libertação e
liberalização.   Seria uma conspiração machista
transnacional e intertemporal em uma época em que os
continentes nem se imaginavam as existências uns dos
outros, nas eras de pré colonização (pré-colombiana) e pré
descobrimentos das Índias, Américas e África; quanto
devaneio..!

Mulheres sensatas não culpam os homens por uma situação de opressão machista.

Pergunte-se: porque somente agora as mulheres se descobriram oprimidas pelo machismo?

Pergunte-se se existe algum fato na História da humanidade que comprove que o machismo existiu?

Há duzentos anos passados a sobrevivência da espécie humana esteve dividida entre o macho e a fêmea humanos.

A fêmea cuidava da prole e da subsistência doméstica e o macho caçava, lutava, trabalhava com as ferramentas que ele mesmo elaborava.

O trabalho era tão penoso que a humanidade vivia escravizando povos mais desorganizados e civilizações menos providas para explorar as poucas fontes de energia disponíveis.

Desde muitos milênios cortando árvores, quebrando pedras, arrastando e empilhando massas, o macho inventou as máquinas para ajudá-lo a trabalhar.

Foi somente com a descoberta pelo macho da eletricidade, da roda, do parafuso, do plano inclinado, da alavanca, da roldana, do machado, da Geometria, da Química que foi possível substituir o trabalho escravo pelo trabalho das máquinas.

Então a Inglaterra que fez a Revolução Industrial foi a primeira a combater a escravidão humana para espalhar as suas máquinas a vapor pelo mundo.

Onde estava a mulher todo este tempo, em que as guerras eram travadas olho-a-olho enfiando a espada e a lança no ventre do inimigo e carregando o mundo nas costas e no lombo dos animais?

Respondo: sendo exploradas pelo machismo, em casa,

cuidando dos filhos e da alimentação enquanto o macho
opressor carregava o mundo com suor e sangue.
O trabalho humano mudou muito hoje.

Não existe a dependência da força bruta humana, as
máquinas fazem quase tudo.
É este mundo que as feministas reivindicam.

Um mundinho sem trabalho braçal.
Para justificar a sua histórica lerdeza e completo alheamento
da história da civilização a mulher vem culpar o macho por
não ter participado deste progresso.
A mulher foi durante milhões de anos privilegiada sendo
poupada de todo o labor árduo e perigoso, foi protegida e
sustentado pelo trabalho masculino pesado.
Agora que o trabalho humano é atrás de uma máquina ou
computador, quando até um paraplégico consegue dirigir
uma carreta, um navio, um avião a mulher se apresenta toda
faceira arrogando a sua condição de igualdade ignorando
que o macho nunca foi nem será o seu algoz.
Exigimos pedidos de desculpas às feministas, por essa falsa
acusação.
O Machões.

Síndrome da viúva-negra ou da androfobia

Emily não consegue chegar perto de um homem "Esse medo me perseguiu a vida inteira e nem sei explicar como e quando começou. Ainda sou virgem e não consigo me aproximar de homens, mas não sinto atração sexual alguma por mulheres", conta Emily, 26 anos de idade. "Sei apreciar a beleza dos homens em fotos, mas é impossível para mim ficar em um quarto sozinha com um sem sentir medo", explicou. As informações são do jornal The Sun. Esse tipo de fobia geralmente surge após alguma situação traumática de abuso, o que não é o caso de Emily. Ela apenas tem medo dos rapazes desde sua infância, a qual passou em uma casa com mulheres apenas - já que seu pai se separou de sua mãe quando tinha apenas 6 anos e nunca mais apareceu. Uma das primeiras lembranças da britânica em relação ao medo incontrolável vem de quando tinha 13 anos. "Eu tinha que assinar para receber um documento e um homem que eu não conhecia batia na porta para entregá-lo. Entrei em um estado tão intenso que minha irmã achou que eu estivesse com febre e me mandou deitar", contou. Emily conta que começa a se sentir mal e quente, como uma febre normal e, depois, vem a falta de ar. Os ataques geralmente duram entre 10 minutos e uma hora. "Até para encontrar meus amigos, fazia questão de que eles viessem até minha casa para que eu não visse os pais deles". "Eu sei que tenho que ter domínio sobre meu medo. Se não conseguir, penso em considerar uma inseminação artificial para poder ter filhos". Disponível em

(bloguedofirehead.blogspot.com/2011/06/androfobia.html)

Síndrome da viúva-negra (espécie de aranha que devora o macho após ser fertilizada por ele)

Algumas inúmeras mulheres que conheço, que convivi, sofrem desta síndrome, onde o homem é objeto do desejo para o acasalamento e nunca para o casamento. Depois de cumprirem com seu papel de banco de esperma, são descartados e as viúvas-negras vivem felizes para sempre com seus filhotes e a gorda pensão alimentícia do macho morto. Para mim que fui um dos descartados, digo que não é nada bom e desejável, ainda mais quando o divórcio nos separa dos filhos, nos jogando para uma geografia que não sonhamos, nunca quisemos e jamais ambicionamos. Depois que conseguem os filhotes e matam seus machos, a única opção plausível para os homens é administrar a separação dos filhos e organizar um jeito de vê-los constantemente, participar de suas vidas e adaptar às nossas vidas às deles. (Cláudio Nunes Horácio).

Muitas mulheres não percebem que podem ter problemas com a convivência masculina. As que conseguem perceber qualquer problema com a convivência masculina podem desenvolver comportamentos violentos ou comportamento ansioso.

Muitas tentam superar esta dificuldade no relacionamento fóbico com o macho tentando transformar o macho em uma simulação feminina. Geralmente tem uma imagem do macho totalmente oposta a imagem feminina, portanto, plausível de ser modelada e transformada em algo mais assimilável ao jeito feminino de ser. Assim estas dedicadas transfomadoras veem o macho como algo a ser trabalhado, lapidado e transformado em sua versão malcheirosa, cheia de espinhos no rosto, peluda, bruta, malvestida, barulhenta, áspera, grosseira, indelicada, insensível, desatenta, assim sonham em transformar o macho numa espécie de bambi doméstico para o seu desfrute, às vezes sem combinar isso antes, durante e depois do início da operação de transformação.

Os papéis sociais que formam a categoria gênero, (e não são estanques), foram sendo construídos e reconstruídos de acordo com o contexto histórico, assim como os papéis do jovem / velho, pais / filhos, aluno / professor, marido / esposa, namorado / namorada, acho que já percebeu onde quero chegar, né… Papéis sociais refletem uma época, uma geografia, a trajetória histórica de uma comunidade, por isso as revoluções / reformas dos papéis são quase que obrigatórias e desejadas pelo inconsciente coletivo, (desculpe a aula de Sociologia), para quem não acredita nisso, serve a um necessário processo evolutivo inelutável.

Papéis sociais são expectativas de comportamento da sociedade. Podem ser contraditórios, cooperativos, reforçados, criminalizados, reprimidos, reconstruídos, coercitivos, censurados, reprovados socialmente, mas fazem parte do estatuto de pertencimento aos grupos e classes sociais, onde o indivíduo multifiliado pode e deve pertencer a diversificados grupos simultaneamente, e ter de prestar lealdade a cada um dos grupos e classes sociais em função destes papéis sociais, muitas vezes ocultando conflitos pessoais e alterando o seu comportamento em função destas lealdades primárias.

Ninguém nasce feminino ou masculino. Esta condição de gênero, ou comportamento social é o resultado do treinamento obrigatório do estatuto social imanente ao estatuto de pertencimento à sociedade; este treinamento básico define o status social do indivíduo e a sua aceitação no grupo e na sociedade.

Se você é mulher e não gosta do jeito masculino, tenho uma péssima notícia para voce: a culpa não é masculina. Voce nasceu assim ou em algum momento de sua vida voce foi afastada da convivência com o sexo masculino, a figura do pai ausente está deixando uma lacuna em seu modelo de masculinidade afetiva, ou pode ter sido pior: voce provavelmente sofreu violência sexual masculina e isto é a pior de todas as experiências na vida de uma pessoa.

Muitas gerações têm sido gestadas em série de famílias onde o pai fica ausente durante todo o ciclo de desenvolvimento dos infantes, isto significa que a única imagem e modelo destes filhos é o da mãe que substitui o pai ausente. Esta circunstância em algumas regiões do Brasil é tão frequente que as meninas desenvolvem um instinto de aversão e comportamento extremamente agressivo com os seus futuros parceiros porque já está introjetada na cultura que a mulher deve ser sempre o único referencial de uma família.

O matriarcado está em alguns casos implantado em mais de cinco gerações sem sofrer descontinuidade, o que seria para alguns um problema, passa a ser um estilo de vida.

"Paraíba masculina muié macho sim-senhor" de Luiz Gonzaga parece ser uma profecia que se autorrealizou nas cidades pequenas principalmente do Nordeste do Brasil, e em todas as favelas dos centros urbanos onde grassa a miséria e a pobreza. Em Brasília houve um tempo em que durante a campanha de erradicação das favelas, aqui chamadas invasões -(CEI daí o nome da maior cidade do Distrito Federal se chamar CEIlândia), os títulos de propriedades das casas e lotes distribuídos aos favelados serem nominais às mulheres e não ao casal ou ao marido.

A Lei Maria da Penha, as Delegacias especializadas no atendimento à mulher são paliativos que tangenciam o problema sem resolvê-lo, qual seja: a ausência do pai em muitas gerações cultivou uma enorme aversão ao masculino nas camadas sociais pobres do Brasil, criando um hiato entre os homens e as mulheres, e este comportamento tende a ser reforçado por medidas punitivas.

Mulheres mais fortes e protegidas dos homens ao invés da reconciliação dos pais com os filhos levam ao agravamento da síndrome da viúva-negra e da androfobia.

Esta será a quadricentésima vez que leio um manifesto feminista e reproduzo este excerto sem ainda lograr uma refutação a altura! Aqui vai:

"Bem que eu exultaria em concordar que a mulher chegou lá!

Adoro torcer pelos oprimidos, até por solidariedade

mecânica, pois sou negro e sei o que é isso.

Os politicamente inocentes criaram um falso clima de que a mulher finalmente chegou lá!

Quem dera que fosse verdade!

Nós os negros e as mulheres temos uma enorme caminhada a percorrer para provarmos a nossa competência diante da dianteira do homem branco ocidental.

Os homens criaram praticamente tudo que existe na vida moderna sem permitir a menor participação feminina, pois criaram, entre outras coisas: Submarino; Navio a vapor Aviões Automóveis Computador Sistemas Operacionais digitalizados e analógicos para dispositivos computadorizados Helicópteros hélice Geradores elétricos Solda Elétrica Caneta esferográfica Máquina de lavar roupa Secadores de cabelo Chapinha elétrica de cerâmica Microprocessadores de semicondutor.

 Inventaram, descobriram a Física, Química Matemática Geografia Filosofia Psicologia Medicina Antropologia Sociologia Astronáutica Astrologia Engenharias e enfim, não deixaram quase nada para as mulheres descobrirem ou inventarem.

Este fato deixou as mulheres em uma situação tal que as mesmas encontram-se sem condições de provarem as suas qualidades intelectuais por total ausência de qualquer oportunidade deixada pelos machos.

Não existe nenhum fato histórico comprovando a teoria de que o homem oprimiu historicamente a mulher deixando-a neste estado de total submissão e desimportância tal que precisou de um movimento internacional de libertação e liberalização.

Seria uma conspiração machista transnacional e intertemporal em uma época em que os continentes nem se imaginavam as existências uns dos outros, nas eras de pré colonização (pré-colombiana) e pré descobrimentos das Índias, Américas e África; quanto devaneio..!

Mulheres sensatas não culpam os homens por uma situação de opressão machista.

Pergunte-se: porque somente agora as mulheres se descobriram oprimidas pelo machismo?

Pergunte-se se existe algum fato na História da humanidade que comprove que o machismo existiu?

Há duzentos anos passados a sobrevivência da espécie humana esteve dividida entre o macho e a fêmea humanos.

A fêmea cuidava da prole e da subsistência doméstica e o macho caçava, lutava, trabalhava com as ferramentas que ele mesmo elaborava.

O trabalho era tão penoso que a humanidade vivia escravizando povos mais desorganizados e civilizações menos providas para explorar as poucas fontes de energia disponíveis.

Desde muitos milênios cortando árvores, quebrando pedras, arrastando e empilhando massas, o macho inventou as máquinas para ajudá-lo a trabalhar.

Foi somente com a descoberta pelo macho da eletricidade,

da roda, do parafuso, do plano inclinado, da alavanca, da roldana, do machado, da Geometria, da Química que foi possível substituir o trabalho escravo pelo trabalho das máquinas.

Então a Inglaterra que fez a Revolução Industrial foi a primeira a combater a escravidão humana para espalhar as suas máquinas a vapor pelo mundo.

Onde esteva a mulher todo este tempo, em que as guerras eram travadas olho-a-olho enfiando a espada e a lança no ventre do inimigo e carregando o mundo nas costas e no lombo dos animais?

Respondo: sendo exploradas pelo machismo, em casa, cuidando dos filhos e da alimentação enquanto o macho opressor carregava o mundo com suor e sangue.

O trabalho humano mudou muito hoje.

Não existe a dependência da força bruta humana, as máquinas fazem quase tudo.

É este mundo que as feministas reivindicam.

Um mundinho sem trabalho braçal.

Para justificar a sua histórica lerdeza e completo alheamento da história da civilização a mulher vem culpar o macho por não ter participado deste progresso.

A mulher foi durante milhões de anos privilegiada sendo poupada de todo o labor árduo e perigoso, foi protegida e sustentado pelo trabalho masculino pesado.

Agora que o trabalho humano é atrás de uma máquina ou computador, quando até um paraplégico consegue dirigir uma carreta, um navio, um avião a mulher se apresenta toda faceira arrogando a sua condição de igualdade ignorando que o macho nunca foi nem será o seu algoz.

Exigimos pedidos de desculpas às feministas, por essa falsa

acusação.

O Machões.

Lei Maria da Penha não reduziu morte de mulheres por violência, diz Ipea

Instituto divulgou dados inéditos sobre violência contra a mulher no país.
Crimes são geralmente praticados por parceiros ou ex-parceiros, diz estudo.

Rosanne D'Agostino Do G1, em São Paulo

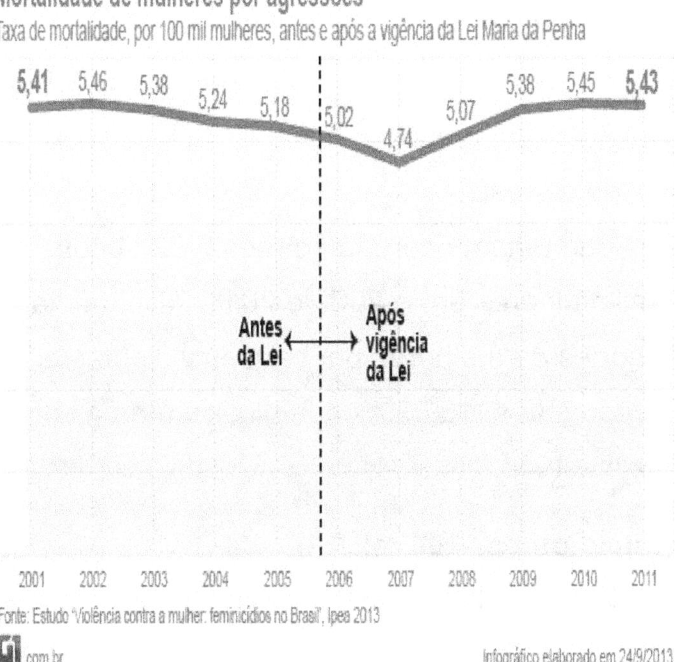

A Lei Maria da Penha, que entrou em vigor em 2006 para combater a violência contra a mulher, não teve impacto no número de mortes por esse tipo de agressão, segundo o estudo "Violência contra a mulher: feminicídios no Brasil", divulgado nesta quarta-feira (24) pelo Instituto de Pesquisa

Econômica Aplicada (Ipea).

O Ipea apresentou uma nova estimativa sobre mortes de mulheres em razão de violência doméstica com base em dados do Sistema de Informações sobre Mortalidade (SIM), do Ministério da Saúde.

saiba mais

'Lei Maria da Penha ainda não é o suficiente', diz especialista

Lei Maria da Penha vale mesmo sem queixa da agredida, decide STF

As taxas de mortalidade foram 5,28 por 100 mil mulheres no período 2001 a 2006 (antes da lei) e de 5,22 em 2007 a 2011 (depois da lei), diz o estudo.

Conforme o Ipea, houve apenas um "sutil decréscimo da taxa no ano 2007, imediatamente após a vigência da lei", mas depois a taxa voltou a crescer.

O instituto estima que teriam ocorrido no país 5,82 óbitos para cada 100 mil mulheres entre 2009 e 2011. "Em média ocorrem 5.664 mortes de mulheres por causas violentas a cada ano, 472 a cada mês, 15,52 a cada dia, ou uma a cada hora e meia", diz o estudo.

Taxas de feminicídios por 100 mil mulheres, entre 2009 e 2011

Nordeste	6,9
Centro-Oeste	6,86
Norte	6,42

Taxas de feminicídios por 100 mil mulheres, entre 2009 e 2011

Sudeste	5,14
Sul	5,08

Fonte: Instituto de Pesquisa Econômica Aplicada (Ipea)

O feminicídio é o homicídio da mulher por um conflito de gênero, ou seja, por ser mulher. Os crimes são geralmente praticados por homens, principalmente parceiros ou ex-parceiros, em situações de abuso familiar, ameaças ou intimidação, violência sexual, "ou situações nas quais a mulher tem menos poder ou menos recursos do que o homem".

Perfil das vítimas

Segundo o estudo do Ipea, mulheres jovens foram as principais vítimas --31% na faixa etária de 20 a 29 anos e 23% de 30 a 39 anos.

Mais da metade dos óbitos (54%) foi de mulheres de 20 a 39 anos, e a maioria (31%) ocorreu em via pública, contra 29% em domicílio e 25% em hospital ou outro estabelecimento de saúde.

A maior parte das vítimas era negra (61%), principalmente nas regiões Nordeste (87% das mortes de mulheres), Norte (83%) e Centro-Oeste (68%). A maioria também tinha baixa escolaridade (48% das com 15 ou mais anos de idade tinham até 8 anos de estudo).

As regiões Nordeste, Centro-Oeste e Norte concentram esse tipo de morte com taxas de, respectivamente, 6,90, 6,86 e 6,42 óbitos por 100 mil mulheres. Nos estados, as maiores taxas estão no Espírito Santo (11,24), Bahia (9,08), Alagoas (8,84), Roraima (8,51) e Pernambuco (7,81). As taxas mais baixas estão no Piauí (2,71), Santa Catarina (3,28) e São Paulo (3,74).

Ao todo, 50% dos feminicídios envolveram o uso de armas de fogo e 34%, de instrumento perfurante, cortante ou contundente. Enforcamento ou sufocação foi registrado em 6% dos óbitos.

Em outros 3% das mortes foram registrados maus-tratos, agressão por meio de força corporal, força física, violência sexual, negligência, abandono e outras síndromes, como abuso sexual, crueldade mental e tortura.

"A magnitude dos feminicídios foi elevada em todas as regiões e estados. (...) Essa situação é preocupante, uma vez que os feminicídios são eventos completamente evitáveis, que abreviam as vidas de muitas mulheres jovens, causando perdas inestimáveis, além de consequências potencialmente adversas para as crianças, para as famílias e para a sociedade", conclui o estudo.

Como proibir que o caos aconteça

Democracia: mito da infalibilidade e da eficiência

Não gostaria de comentar.

Sou polêmico.

Vivemos em uma democracia.

Platão dizia que a Democracia é o menos pior dos regimes

políticos.

A Grécia dos filósofos não adotou-a, preteriram-na à República. Assim como os romanos.

Longe de ser perfeita ou adequada.

Não sou um democrata.

Nenhuma empresa adotou-a, as empresas são dirigidas de modo antidemocrático e autoritário em nome da sua eficácia, eficiência e efetividade.

Não existe eleições para presidente nem para o proprietário. Lidera-a quem possui mais ações da companhia ou é mais competente. As empresas são meritocráticas, ou, de berço.

As pessoas não pensam nisso, mas, os políticos eleitos estão lá no poder não pela sua competência em comandar, se fosse assim os passageiros dos aviões elegeriam um deles para pilotar o avião. Diferentemente da competência dos pilotos do avião, os governantes estão lá pela sua credibilidade e pela legitimidade, pela sua capacidade de inspirar confiança e respeito aos eleitores. Por isso se espera deles honestidade acima de qualquer outra qualidade.

Feito o preâmbulo para dizer que quando alguém em uma reunião, seja na NSA ou no FBI, tem uma opinião, ela pode ser minoritária, e nem por isso ser a errada. Porém, em um fórun democrático as bobagens majoritárias trazem o elã da verdade, como em uma eleição para cargos públicos. Maioria traz a legitimidade. Não a verdade. Necessariamente.

É o mito da maioria. Este é o problema da democracia.

Mas, duvido que alguém entre em um avião e aceite ser pilotado por um dos passageiros eleito para comandá-lo. Mas isto não é democracia?   (Exemplo adaptado do diálogo de Platão Livro VIII, República de Platão)

A eleição é um campeonato de popularidade e de simpatia, ganha-a quem tem carisma ou mais credibilidade. São muitas as razões para se eleger alguém, nenhuma delas se refere à competência. Necessariamente.

Se as pessoas gostassem de competência os programas de mídia vitoriosos seriam de Filosofia ou de Matemática, talvez de Química.

As pessoas preferem os Reality Shows, na verdade, são falsos shows, de uma falsa realidade onde pseudo-artistas ou pessoas que fingem não serem artistas, ou atores que fingem ou representam papel de amadores, fingem não estarem representando, com a falsa naturalidade de quem finge não estar sendo observado por milhões de pessoas, em sua naturalidade espetacularesca.

Como diria o mestre-doutor em mídia e política, Prof. Venícius Arthur de Lima, tudo na mídia vira espetáculo, dos telejornais, às novelas, passando pelos Reality Shows. Os políticos bem sucedidos sabem dominar a arte da representação do Cenário de Representação Política, como diz o prof Venícius, onde o papel da mídia é de reforçar ou de refazer as representações trazidas ao contexto midiático.

A luta contra a mediocridade não respeita o passado nem a experiência. Relembra a primeira Lei ou o primeiro princípio da Termodinâmica, que também é a primeira lei da Teoria dos sistemas gerais de Bertalanffy: O universo tende para o caos; trocando em miúdos: a energia, uma vez criada, não pode ser destruída, ela vai para algum lugar, trazer perturbações. A primeira consequência deste princípio da Termodinâmica é que a ordem é contrária ao universo, isto quer dizer que nada flui expontaneamente para a organização, tudo converge para o caos automaticamente e naturalmente se for deixado ao acaso.

Ao contrário do pensamento ecológico, a natureza em seu caminho natural tende à uma inflação de energia desordenada e desorganizada.

Para produzir a ordem e a organização são necessários dois insumos: Inteligência e controle. Para o controle se efetivar é necessário informação, e pela informação controles são acionados para corrigir através do feedback os desvios desorganizativos que podem ser destrutivos e desestruturantes para os sistema.

Portanto, vigilância e controle permanentes são necessários para manter o sistema em sua integridade. Nada disso está assegurado com a democracia, pois para cada grau a mais de liberdade exige-se muito mais controles reduzindo estes graus de liberdade. Liberdade e controle andam em lados e sentidos opostos. Democracia e racionalidade coletiva vivem em permanente conflito de racionalidade.

O ser humano não é capaz de ,utilizando a sua racionalidade individual, produzir coletivamente racionalidade social, seria lutar contra as suas próprias expectativas individuais, pois ele seria incapaz de ver o bem comum, este objeto virtual que pertence a todos e não pertence a ninguém individualmente, logo, não traz vantagens pessoais para todos individualmente, mas afeta a todos.

As pessoas sujam as ruas por que a rua não é dela particularmente, também não pertence a ninguém, e ao mesmo tempo pertence a todos, de modo que cada um não vê em que a sua contribuição poderia aumentar significativamente a sujeira total, mas, se ninguém sujasse, mesmo que muito pouco, as ruas ficariam incrivelmente limpas, mas é impossível o indivíduo atomizado perceber a sua contribuição para o caos higiênico da rua. Assim acontece com o cálculo do eleitor com relação ao seu voto individual. Esta irracionalidade coletiva se opõe à racionalidade individual, assim, a rua permanecerá eternamente suja, apesar de ninguém assumir a sua contribuição para o caos dela.

A racionalidade coletiva tem de ser imposta de cima para baixo, ela não nasce espontaneamente nem de baixo para cima, nem do individual para o coletivo.

Para isso, muitas decisões de liderança precisam ser antipopulares e muitas vezes antidemocráticas, como, por exemplo, a vacinação obrigatória, que no século passado, mereceu protestos de ninguém menos do que o maior jurista do mundo, Rui Barbosa, que acusou o Estado de estar violando o direito legítmo do cidadão de dispor de seu próprio corpo, contra o Estado, mas, em nome do bem comum o Estado violou este princípio, porque o bem estar coletivo se sobrepõe ao bem estar individual.

Ademais o indivíduo nunca pode saber exatamente o que é bom para si, faltam informações em quantidade, qualidade e capacidade de interpretar estas informações, como, por exemplo, na escolha de um computador pessoal, de um automóvel, de um remédio ou de uma profissão.

As escolhas que dependem desta racionalidade individual levam ao irracional coletivo. A racionalidade coletiva depende da interferência do gerenciamento político que se sobrepõe aos desejos imediatistas e individualistas que são incapazes de perceberem os benefícios coletivos advindos de uma outra possibilidade para além do que o seu horizonte pessoal permitiria por si só sem contrariar a sua racionalidade individual. Seria um contrasenso o indivíduo se sacrificar sem perceber de imediato as vantagems que o seu sacrifício representaria para o todo, e consequentemente, para si. Poucos abnegados são capazes de aceitarem este sacrifício.

É claro que seria possível hoje, mais do que nos tempos da democracia direta grega, que tivéssemos uma democracia participativa, se os políticos quizessem, o único elemento excludente seria o acesso à internet dos excluídos digitais, mas, eles nem sequer atingiram a plena cidadania. É um dos ônus, dos menores, a pagar.

Se qualquer governante quisesse bastava recorrer aos milhões de sites de fóruns internetianos para, digamos, debater sobre a conveniência de se iniciar uma nova obra pública, um projeto ou atividade orçamentária da política municipal, estadual ou federal.

No tempo da democracia direta grega, na ágora nem havia sistema de som com amplificação, mesmo assim ela persistiu, não havia diários, nem estações de rádio e televisão!

Imaginem se os gregos dispusessem destes sistemas de comunicação de massa!

O tema principal deste debate, ou de qualquer outro sobre democracia teria que remeter ao conceito de Dominação de Max Weber.

O processo democrático esconde uma grande dificuldade, na verdade, um dilema paradoxal instransponível, porque é antagônico, antinômico e dialético.

Para transcender-se ao processo dialético há que se seguir a regra do método de Hieráclito, o qual seria fundir-se a tese à antítese, gerando o novo que seria a nova síntese haurida de elementos tanto da tese quanto da antítese.

A democracia, como um processo político, exige a existência de parceiros homogêneos na divisão do poder. Halmilton chamou este processo de governabilidade de Checks and Balances, ou seja: os três poderes seriam autônomos, equilibrados e interligados de maneira que cada qual pudesse controlar-se e fiscalizar-se uns aos outros.

Ora, se isso acontecer, o executivo perde parte de sua governabilidade, pois que para cada passo e decisão implementada teria os seus empreendimentos checados, verificados, fiscalizados e ponderados pelos seus parceiros de divisão de poder.

Isso tem obrigado o executivo a fazer diversas manobras táticas, algumas delas legais, outras ilegais, imorais e desleais, tais como:

A) Cooptação;
B) Suborno;
C) Pressão;
D) Barganha;
E) Ameaças;
F) Chantagens;
G) Trocas de favores;
H) Persuasão;
I) Recrutamento de seguidores;
J) Disputas em geral.

Tudo isso pode, no mínimo, destruir o desejado equilíbrio

hamiltoniano democrático, assim, o processo, democrático ele mesmo, é a maior causa da ingovernabilidade. Daí o paradoxo da democracia.

Se as instituições democráticas funcionarem a pleno acabam inviabilizando o executivo.

O remédio para os problemas da democracia é a ditadura. Pelo menos recorre-se constantemente às medidas antidemocráticas como, por exemplo, os decretos-leis, medidas provisórias todas as vezes que se quer resolver uma crise ou dotar o sistema político de meios mais governáveis. A tirania é mais eficiente forma e instrumento de governança.
Para mim, este é o conceito mais completo sobre política. Sem a dominação não se obtém a legitimidade para estabelecer a hegemonia, quer seja do chefe em uma instituição sobre os seus subordinados, quer seja em uma penitenciária, seja em Guantánamo ou em Bangú, quer seja de uma tirania seja de Sadan Hussein ou dos comandantes das FARC, enfim para se conseguir a obediência há que se conseguir a dominação, que é a força capaz de obter a subordinação da vontade em obedecer.

Em uma tirania, pode-se conviver durante muito tempo com as revoltas e tentativas de golpes, ou pode-se obter a obediência direta, sob coação e coerção, mas nada garante a continuidade deste processo, e os custos crescentes diretos e indiretos para se mantê-lo.

É neste ponto que se estabelece a única vantagem da

democracia e do liberalismo. Existe um pacto de obediência compulsória e de adesão voluntária ao dirigente escolhido por um processo que Weber chamou de dominação, o qual tende a ser do tipo dominação racional-legal. Podem existir outras variantes de dominação também democráticas ou toleradas em uma democracia como aquelas dominações provenientes do carisma e da tradição. Acrescentaria também a dominação meritocrática a qual deriva do conhecimento especializado, a dominação consensual a qual derivaria das relações sentimentais, e a dominação formal baseada na posição midiática conferida pelas celebridades de todo o gênero.

A democracia moderna depende da aceitação por parte da maioria que se transforma segundo Rousseau na vontade-geral através do artifício da legitimação pelo procedimento legal, aceito formalmente pelos aderentes do contrato social que abrange a todos e não exclui ninguém (Rousseau).

A democracia precisa de um processo plebiscitário que não implica de modo algum em garantia da melhor escolha, não é este o seu objetivo, senão subordinar o resultado à legitimação do escolhido e ungido pela escolha da maioria. Nós sabemos como a maioria quase sempre está longe da informação, da qualidade e do conhecimento especializado.

Este é o enorme defeito da democracia: mais popular e menos perto da meritocracia.

A prática política tem apontado que o remédio para uma democracia claudicante ou em crise tem sido a tirania, mesmo que provisória e temporária. A democracia tem se valido da tirania para consertar os seus males.

O remédio da democracia é a ditadura (Platão, livro VIII, República de Platão).

Ditadura sem dominação não tem sustentabilidade, daí o caráter plebiscitário e popularesco da legitimação do processo eleitoral que conduz à governabilidade democrática, e sem poder sair deste círculo vicioso a democracia persegue dialeticamente seu ideal de estabilidade num devir contnínuo, turbulento e eterno.

Um mundo caótico governado e controlado pelas mulheres seria o fim da civilização como aconteceu uma vez aqui na terra, no Ocidente durante a Idade Média.

Um novo processo de escolha de nossos políticos não pode ser orientado pelo voluntarismo nem pelo populismo democrático.

Assim, as mulheres podem ser eliminadas pelos testes físicos, intelectuais, matemáticos, químicos e astrofísicos, elas certamente nunca superariam os machos e a humanidade estaria salva do ingênuo processo de demagogia publicitária que são as campanhas eleitorais que escolhem o mais popular com discurso mais atraente, esse é o pior modelo de escolha.